图解系列之

一看就懂！懂得说话，成就100分

古木 著

北方文艺出版社

黑版贸审字 08-2013-004号

原书名：一看就懂！懂得说话，成就100分

本书通过四川一览文化传播广告有限公司代理，由汉皇国际文化有限公司授权出版中文简体字版

图书在版编目（CIP）数据

一看就懂！懂得说话，成就100分 / 古木著. -- 哈尔滨：北方文艺出版社，2013.5

ISBN 978-7-5317-3095-8

Ⅰ.①一… Ⅱ.①古… Ⅲ.①语言艺术－通俗读物 Ⅳ.①H019-49

中国版本图书馆CIP数据核字(2013)第075005号

一看就懂！懂得说话，成就100分

作　　者　古　木
绘　　图　赖鼎伟
责任编辑　王金秋
出版发行　北方文艺出版社
地　　址　哈尔滨市道里区经纬街26号
网　　址　http://www.bfwy.com
邮　　编　150010
电子信箱　bfwy@bfwy.com
经　　销　新华书店
印　　刷　北京和谐彩色印刷有限公司
开　　本　889×1230　1/16
印　　张　14
字　　数　250千
版　　次　2013年5月第1版
印　　次　2013年5月第1次
定　　价　32.00元
书　　号　ISBN 978-7-5317-3095-8

前言

只要是生理健全的人，出生不久就能咿呀学语，继而通过语言手段表述自己的思想、情感，以及对现实生活的种种诉求。说话，看似是每个人都会、能够无师自通的一种本能，实质上，要把话说好，不仅能准确地表述自己的思想和愿望，而且能使自己的话铿锵有力，收到最佳的效果，却是一件很不容易的事情。

古希腊著名的预言家伊索，出身寒微，曾做过奴隶。一天，主人家里来了客人，都是当时的社会名流，主人要伊索准备一道最好的菜。结果，伊索端上来一盘大家司空见惯的猪舌头。众人不解，伊索解释说："舌头能够说出世界上最美的语言，能够喊出'妈妈'这样崇高的称呼！难道它不是最好的菜吗？"大家觉得他言之有理，还对他夸奖了一番。主人也觉得很有面子。

过了几天，还是这些人，再度光临。主人要伊索准备一道最坏的菜。伊索端给大家的，竟然还是猪舌头！这可是被伊索说成是最好的菜呀！大家迷惑不解。伊索又说："舌头能够说出世界上最恶毒、最下流、最无耻的话，难道它不是最坏的菜？"

在中国，有一句俗话说："良言一句三冬暖，恶语一句六月寒。"只要把话说得得体、巧妙，即使是初次相识抑或有点矛盾的人，也能感觉非常温暖、非常舒服，交谈者之间的距离会逐渐缩短，气氛会极为融洽，在此情境之下，自己的想法就极可能实现。否则，即便是关系亲密的朋友，也有可能因为言语不当，让人觉得如鲠在喉，就算对方不当场发作，其后果也是相当严重的。

中国还有"一言兴邦，一言丧邦"的说法。在古代，"邦"即是国家。战国时期的苏秦，先以"连横"之术游说秦国，没有被秦王接受，后以"合纵"之术游说六国，获得成功。有相当长一段时间，实力原本最强的秦国，不敢出函谷关半步。而最终秦国得以摆脱困境，也是派人游说六国，以"连横"破解"合纵"，只是主角不是苏秦，而是张仪罢了。赤壁之战前，曹操统一北方，实力无人能及，诸葛亮舌战群儒，促成孙、刘联合，从而彻底改变了天下的格局和走势。

在当今社会，“邦”也可看作是利益共同的一个团体、一个企业，想要发展壮大，想要屹立不倒，必须要有一个，甚至是一批能说会道的人，去协调团体、企业和周围环境的关系。

说话是一门艺术，而且是一门极为重要的艺术。掌握了这门艺术，既可帮助你在事业上飞黄腾达，也能帮助你在交朋结友方面如鱼得水，还能帮助你维持和睦的家庭，享受天伦之乐。拥有这本图解书，你就拥有了通往这扇艺术大门的金钥匙！本书不仅有精辟、系统的理论，更有流畅明白的语言、生动活泼的插画，还有我们对每一位读者朋友最诚挚的情谊和最深切的关怀！

一看就懂！懂得说话，成就100分

目录

目录

第五章 讲“技巧”，创造成就100分

一看就懂！懂得说话，成就100分

目录

第一章

知“轻重”，谈话效果激增

一人之辩重于九鼎之宝，三寸之舌强于百万之师。

——刘勰《文心雕龙》

1 能退百万之师

公元前630年9月，晋文公联合秦穆公，出兵攻打郑国。郑国一直都是一个实力有限的小国，而秦、晋两国，向来都是实力超群的大国，特别是晋国，在晋文公掌权之后，实力的上升，更是有目共睹。如今，秦、晋两国共同出兵，郑国形势岌岌可危。

秦、晋两国大军兵临城下，郑国眼看就要亡国。危亡之际，郑国大夫佚之狐向郑国国君推荐烛之武。郑国国君召见烛之武，请求他为解除国家危难出力。此时的烛之武，已近古稀之年，他对郑国国君说：“我年轻的时候，尚且比不上别人，现在老了，更没有什么用处了。”郑国国君听懂了他的话外之意，立即说：“我没有及早重用你，现在国家有了危难才想到你，这是我的过错！”见国君肯主动认错，烛之武再也无话可说，答应为国效力。于是，郑国国君让人用绳子把烛之武从城墙上放下，让他前往秦军营寨。

烛之武见到秦军主帅秦穆公，请求对方从郑国撤军，并说：“眼看郑国就要灭亡了，要是这样对秦国真正有利，我觉得您的所有努力都是值得的。但是，灭亡郑国，得到真正好处的，不是秦国，而是晋国。当年您曾大力帮助晋惠公，晋惠公也曾答应要赠送晋国的焦和瑕这两个地方报答您，结果，他早上刚过黄河回到晋国，晚上就开始在那里修筑工事，对付秦国。晋国的背信弃义是有目共睹的，晋国的贪得无厌，您也是心中有数的。要是您率军撤回，确保郑国不至灭亡，不仅可以牵制野心勃勃的晋国，一旦秦国有向东发展的需要，郑国还可以作为秦国的东道主，尽最大的能力帮助秦国。”

秦穆公觉得烛之武的话很有道理，于是率领秦军主力撤回，并留下杞子、逢孙和杨孙率一部分军队驻守郑国。晋文公明白秦穆公的态度，经过权衡，放弃了灭亡郑国的念头，也从郑国撤军回去。烛之武仅凭个人之力，拯救郑国于危难之中，最为关键的，在于晓之以理，以实实在在的利益关系打动对方。

世界上没有永恒的朋友，只有永恒的利益。烛之武的成功范例启示我们：“无论面对怎样纷繁复杂的局面，无论处境多么险恶，都应保持清醒的头脑，抓住最本质的利益关系。”

烛之武，公元前630年，春秋郑国人，秦晋联兵围攻郑国，郑大夫烛之武敏锐地发现郑国的灭亡无益于秦国，而更有利于晋，于是便对秦穆公“动之以情，晓之以理”，劝秦退兵并与郑结盟。计谋成功后，秦晋退兵，郑国才得以存在。

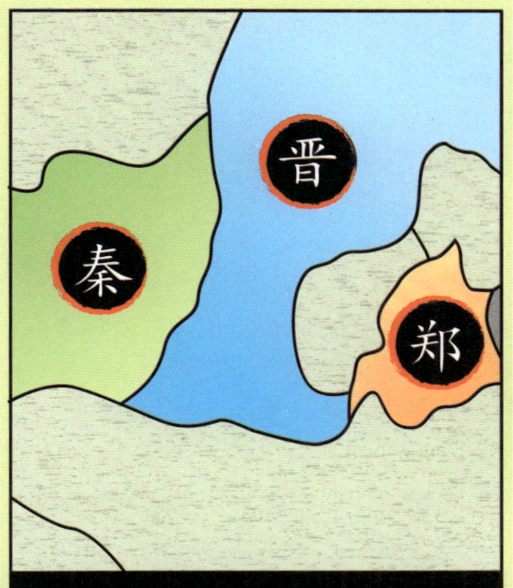

秦、晋、郑三国地图

烛之武游说成功的诀窍

灭亡郑国		保存郑国
真正得到好处的是晋国，晋国的实力会越来越强大。	对比	能抑制晋国的扩张野心，对秦国的日后发展有帮助。
背景		背景
晋国曾经对秦国背信弃义，雄霸天下的意图极为明显。	对比	秦国也有图谋天下的愿望，不可能甘心替他人做嫁衣。

只有永恒的利益
没有永恒的盟友

2 能保一己性命

纪晓岚是中国历史上极负盛名的才子，乾隆十九年中进士。纪晓岚不仅学识渊博，也极为机智幽默，还以能言善辩著称。

身在官场，自来有“伴君如伴虎”之说，作为臣子，稍有不慎，就有可能遭遇不测之祸。纪晓岚一生为官，当政的乾隆皇帝，晚年自称“十全老人”，是中国历史上少有的附庸风雅、以才学自命的皇帝之一，他们君臣之间，也就演绎了许多极富传奇色彩的故事。

据说，有一天，乾隆皇帝当朝考问纪晓岚：“何为忠？何为孝？”纪晓岚答：“君要臣死，臣不得不死，就是忠；父要子亡，子不得不亡，就是孝。”乾隆说：“寡人现在就赐你一死。你自己选择怎样死吧！”自古君无戏言，他们所说的每句话都是金口玉言，不容有丝毫违逆。乾隆皇帝这样对纪晓岚说，本意并不是真的要赐死纪晓岚，主要是想考验纪晓岚的智慧，倘若能够让纪晓岚难堪，也算是一件开心事。

朝中一班大臣，平日嫉妒纪晓岚的不少，他们都怀着落井下石的心态，准备瞧纪晓岚的难堪。让人意想不到的是，听了乾隆的话，纪晓岚居然没有为难之色，只见他略一思忖，谢主隆恩之后，径自退出大殿。

面对这样的结局，很多人都感觉乾隆的这个玩笑开得太大。乾隆自己也想：“虽然纪晓岚平日爱抢风头，但真要让他马上就死，心里还真有点舍不得。”但当时的场面，明显已经骑虎难下。因为乾隆既然已经赐死纪晓岚，纪晓岚就得死，否则就是抗旨不遵，结果同样是死罪。

就在大家怀着忐忑的心情静观事态演变之时，纪晓岚竟然气喘吁吁地跑了回来。只见他扑通一声跪下，对乾隆说：“皇上，臣不能死呀！”乾隆说：“我已经赐你死了，你怎么不能死呢？”纪晓岚答：“我领旨出去，已经抱定以死表忠心。可我到了河边，准备跳河自尽，不料屈原从河里冒出来，劈头盖脸对我臭骂道：‘你小子真是混蛋呀，我当初跳河自尽，是因为楚平王昏庸无道。现在的皇上英明贤达，你这一死，岂不是给他脸上抹黑吗？’所以，经再三考虑，我还是回来了。”事已至此，乾隆皇帝也只好顺势说：“既然屈原都这么说了，你就继续辅佐朕吧！”

纪晓岚不仅保全了自己的性命，还让那些想要让他难堪的人愿望落空。他的聪明之处，就是抓住乾隆的软肋。

纪晓岚官位虽大，但为人通达，礼贤下士，所以交游甚广。朋友知己、门生故吏不计其数，是乾隆时期公认的文坛领袖。

纪昀（1724年—1805年），字晓岚，晚号石云，道号观弈道人。乾隆十九年中进士，清代著名的学者，曾任礼部尚书、兵部尚书、左都御史、协办大学士和《四库全书》总纂官。嘉庆帝称其“敏而好学可为文，授之以政无不达”。谥号文达，世称“文达公”。

纪晓岚成功免死的关键

假借历史名人屈原之口

屈原投汨罗江自尽，是因为楚怀王昏庸。

推论一：重臣自杀，表明帝王昏庸。

推论二：只有昏庸、残暴的帝王才会逼忠臣自杀。

纪晓岚免于一死的关键，在于紧紧抓住了乾隆不甘承认自己昏庸、残暴的软肋。

纪晓岚趣闻　个个都是草包

大臣和坤贪婪成性，一次他新修了一座竹园，知道纪晓岚墨迹珍贵，便要他题个亭额。

纪晓岚略加思索之后，挥笔在纸上写了“竹苞”两个大字。和坤赶快让工匠刻成匾额，悬挂在亭台上。

有一天，乾隆来游园，看见亭台上的匾额而大笑，并说：“好一个纪晓岚！这竹苞两字，拆开来就是‘个个草包’嘛！”

3 能抱得美人归

当今社会，价值多元化，除了读书晋身、出仕为官，一个人实现自己人生目标、体现自己生命价值的方式和途径还有很多。认真读书固然必要，但在更多的时候，需要在与人交流合作的过程中，懂得说话的艺术，才是最为重要的。我们甚至可以说："'说'中自有千钟粟，'说'中自有黄金屋，'说'中自有颜如玉。"

被称为世界"交响乐之父"的德国著名音乐家门德尔松，在音乐方面的天赋和才华毋庸置疑。而且，祖父是著名的哲学家，父亲是成功的银行家，母亲是钢琴家，可谓身世显赫。唯一美中不足的是，他的长相很一般，不仅身材矮小，而且还是一个驼背。如此令人不敢恭维的外表，使得他在恋爱和婚姻方面，一直感到自卑。但是，有一次，门德尔松到汉堡一个朋友家小住，认识了朋友的女儿弗美姬。她是一个天使般纯洁、美丽的女孩，门德尔松深深地爱上了她！向来自惭形秽的门德尔松迟迟不敢开口向弗美姬表达自己的爱意。

爱情的折磨既让人幸福，也让人痛苦。眼看自己离开的时间就要到了，要是自己始终不敢向对方表白，势必会错过自己深爱的美丽女子。于是，门德尔松最终还是鼓起了勇气。他勇敢地敲开了弗美姬的房门，开口问道："你真的相信一个人的婚姻是上帝决定的吗？"

"是的，我相信。"弗美姬羞涩地答道。

"对，我也相信。"门德尔松说，"每个男孩子出生时，上帝都会告诉他，哪个女孩子将来会同他结婚。我出生时，上帝为我指出了那个女孩子，并说你的妻子将是个驼背。我大声喊道：'上帝！让一个女孩子驼背太残酷了，让我来替她驼背，让她是个美丽的天使吧！'"

门德尔松的话让弗美姬非常惊异。她没有想到才华洋溢的门德尔松，内心竟然如此细腻。她也没有想到自己在门德尔松的心目中竟然有着那么重要的地位。弗美姬被感动了，她最终成为门德尔松的妻子。

爱情和幸福婚姻的基础是两个人的感情，是彼此最深切的关怀，倘若门德尔松不是真诚地爱对方，如果他仅是用自己的音乐才华，甚至是自己显赫的家庭背景，试图去打动弗美姬，结果会怎么样呢？

门德尔松为德国浪漫音乐派最具代表性的人物之一。他的《仲夏夜之梦序曲》为浪漫主义作曲家描绘神话仙境提供了先例。他独创"无言歌"的钢琴曲体裁，对于标题音乐和钢琴艺术的发展都有着巨大的启示价值。他的审美趣味和创作天才都深刻地影响了后来的浪漫主义音乐。

门德尔松（1809年2月3日—1847年11月4日），德国著名的音乐家，被誉为"交响乐之父"，代表作有小提琴曲《e小调小提琴协奏曲》、《春之歌》，交响曲《苏格兰交响曲》、《意大利交响曲》、《仲夏夜之梦》序曲等。

门德尔松求爱成功的秘诀

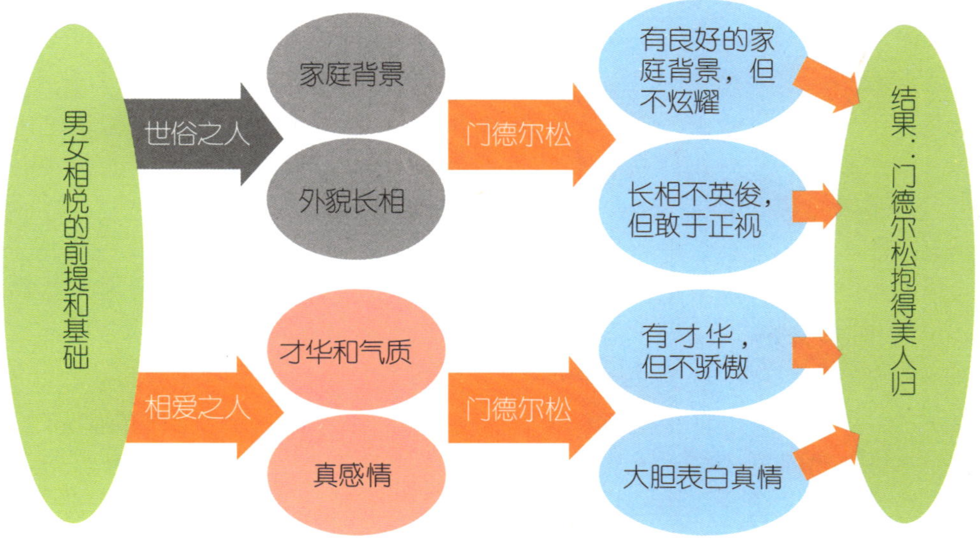

4 能聚天下之财

日本伟大的推销大师原一平先生，出身于长野县的乡村，23岁从商业专科学校毕业之后，只身闯荡东京。初到东京，他从报纸上看到明治保险公司的招聘广告，于是去应聘。由于原一平身高只有145厘米，体重只有52公斤，看上去又瘦又小，负责招聘的高木金次先生只是瞥了他一眼，就说：“推销保险的工作不是那么好做的，你不能胜任！”高木金次轻蔑的一瞥，反倒激发了原一平不服输的斗志。他几乎是用质问的语气问：“请问在贵公司需要完成多少业绩？”“每人每月一万元。”原一平斩钉截铁地说：“没问题！我也能完成每月一万元的销售任务。”但是前七个月，原一平一分钱的保险也没推销出去，以至于房东把他的行李扔到街上，他自己不得不在公园的凳子上过夜。即便处于这样的境地，原一平也没有灰心、没有放弃。

直到有一天，原一平遇见一位老和尚，老和尚对他说：“推销保险之前，先要推销自己。”如梦方醒的原一平获得了巨大的精神动力，之后不断地审视自己、战胜自己，到第九个月的时候，完成16.8万元的销售任务。他的业绩超过高木金次的要求，突出的业绩也为他赢得明治公司的礼遇，他也把公司的每一次提拔和重用，当成是自己不断进取、不断超越的动力。终于，原一平成为20世纪日本最伟大的推销员。

在原一平的推销生涯中，成功把保险推销给三菱集团的每一位员工，具有极其重大的意义。三菱集团是日本举足轻重的大公司，旗下包括汽车业、银行业，当然还有原一平供职的明治保险。有一天，原一平好不容易获准面见三菱集团的董事长串田先生，可是，见面之后，原一平刚一表明来意，串田先生就说：“你别拿保险这玩意儿来占用我的时间！”原一平没有退缩，而是大声对串田说：“你真糊涂！公司一直教育我们，保险业是神圣的！可你刚才说它是‘玩意儿’！我马上回去，告诉公司所有人你刚才说的话。”

原一平知道冒犯董事长的后果会很严重，他甚至做好辞职的打算。然而，他刚回公司，就接到串田先生打来的电话，除了道歉，串田先生很快召开董事会，决定将三菱集团所有员工的退休金纳入明治公司的保险统筹安排。

1962年，被日本政府授予“四等旭日小绶勋章”。连当时的总理大臣福田赳夫也慨叹道：“身为总理大臣的我，只得过五等旭日小绶勋章。”

1964年，美国国际协会为表彰他在推销业做出的成就，颁给他全球推销员最高荣誉——“学院奖”。

原一平，1904年生于日本长野县，27岁进入明治保险公司，之后连续15年成为全国销售业绩第一的“推销之神”。

原一平的成功之道

原一平的成功之道

- 第一步：初出茅庐受挫，但面对高木金次的怀疑，敢于大胆许诺。
- 第二步：受高人点化，明白认识到“推销自己”的重要性。
- 第三步：以“冒犯”公司董事长的特殊方式，获得事业的飞跃发展。

→ 只要充满自信，就能不断战胜自己、超越自己

原一平的心血结晶

- 推销成功的同时，要使该客户成为你的朋友。
- 空泛的言论只会显示出说话者的轻浅而已。
- 只要你说的话有益于别人，你将到处受欢迎。
- 成功者不但怀抱希望，而且拥有明确的目标。
- 忘掉失败，不过要牢记从失败中得到的教训。

5 能交天下之友

管仲年轻的时候，家里很穷，又要奉养母亲。好友鲍叔牙就找管仲一起投资做生意。做生意的时候，因为管仲没有钱，所以本钱几乎都是鲍叔牙拿出来投资的。赚了钱以后，管仲却拿的比鲍叔牙还多，鲍叔牙的仆人看了就说：“这个管仲真奇怪，本钱拿的比我们主人少，分钱的时候却拿的比我们主人还多！”鲍叔牙说：“不可以这么说！管仲家里穷，又要奉养母亲，多拿一点没有关系。”

有一次，管仲和鲍叔牙一起去打仗，每次进攻的时候，管仲都躲在最后面，大家说管仲是一个贪生怕死的人。鲍叔牙马上替管仲说话：“你们误会管仲了，他不是怕死，他是害怕没人照顾老母亲呀！”

后来，齐国发生内乱，鲍叔牙辅佐公子小白到了莒国，管仲辅佐公子纠到了鲁国。不久，齐王被杀，公子小白和纠都想做齐国国王，为了让纠当上国王，管仲领人在道路上暗算小白，可惜把箭射偏了，没射死小白。小白在鲍叔牙的帮助下当上齐国国王，也就是齐桓公。

齐桓公为了报答鲍叔牙，准备封他做宰相，鲍叔牙却说：“管仲各方面的能力都比我强，应该请他来当宰相才对！”齐桓公说：“管仲要杀我，是我的仇人，你居然叫我请他当宰相！”鲍叔牙说：“此一时彼一时，他那时辅佐纠，自然要全力帮助纠。日后他辅佐大王，同样会倾尽全力！”齐桓公说：“很多人说，纠死后，原来追随他的人都自杀了，唯独管仲苟且活着，说明他是一个不知廉耻的人。这样的人怎么能出任宰相呢？”鲍叔牙说：“管仲没死，不是不知廉耻，而是耻于没有建功立业、报效国家呀！”

齐桓公认为鲍叔牙的话很有道理，任用管仲做宰相。管仲也不负所望，竭力辅佐齐桓公，使齐桓公成为春秋时期的第一个霸主。管仲后来说：“生我的是父母，理解我的人是鲍叔牙。”后来，“管鲍之交”成为传诵千古的佳话。

其实，想要成就大业，纵然不把别人当成是真正的朋友，只要说话得体、处事得当，别人也会由衷感动、拼力效命。

后来管仲侍奉齐襄公的儿子公子纠，鲍叔牙侍奉公子纠的弟弟公子小白。齐国内乱时，管仲随公子纠出奔鲁，鲍叔牙随公子小白出奔莒。

小白返国继承君位后，公子纠被杀，管仲被囚车运送回国。鲍叔牙推荐管仲当上宰相，被时人誉为“管鲍之交”、“鲍子遗风”。

鲍叔牙（前723—前644年），春秋时代齐国大夫，管仲的好朋友，以知人善交著称。

管仲在齐国曾实施许多改革，使齐国更加强大。管仲的言论见于《国语·齐语》，另有《管子》一书传世。

管仲少时丧父，和母亲生活贫苦，为维持生计，与鲍叔牙合伙经商后从军，后得好友鲍叔牙帮助，任齐国宰相，被称为“春秋第一相”。

管仲（前723—前645年），春秋时期齐国著名的政治家、军事家。辅佐齐桓公成为春秋时期的第一霸主。

管仲与鲍叔牙之交

管仲：
- 两人合伙经商，他投资少，却分得多
- 从军打仗，他总是躲在后面
- 当初追随纠的人都自杀了，只有他苟且偷生

一般人：
- 认为管仲贪财
- 认为管仲贪生怕死
- 认为管仲不知廉耻

鲍叔牙：
- 认为管仲是为了孝敬母亲
- 认为管仲是牵挂母亲
- 认为管仲是耻于没有建功立业

6 能左右逢源

说话是一门艺术，深谙这门艺术的人，无论处于什么样的环境，无论谋求什么样的理想目标，都能左右逢源、否极泰来。

公元1644年，清朝皇太极驾崩。由于之前没有选定皇位继承人，一场激烈的皇位竞争由此展开。当时，最有力的竞争者，是皇太极的长子肃亲王豪格和皇太极十四弟睿亲王多尔衮。两大集团互不相让，眼看着就要上演一场最高权力之争的腥风血雨。

在此复杂的局面之下，竟冒出一个年仅三十一岁的女人，不仅轻易化解新兴清朝政权的一场政治劫难，自己也从中得到了最大的实惠。这个女人就是皇太极的庄妃，后来顺治皇帝的母亲——孝庄皇太后。

顺治皇帝名叫福临，虽然也是皇太极的亲生儿子，但是当年仅有六岁，无论名望、权势，根本没有资格和豪格、多尔衮竞争。但是，庄妃另辟蹊径，首先找到代善，让他帮忙。代善是努尔哈赤的长子、皇太极的长兄，按照古代传长不传幼的惯例，努尔哈赤死的时候，继承皇位的，就该是他，而不是皇太极。因为代善的大度和大局观，皇太极得以顺利继承皇位，不仅赢得皇太极的敬重，更赢得清朝上下的尊崇。

庄妃率先找到代善，对他说：“豪格和多尔衮各不相让，势必引发满清皇室的内乱，无论谁胜谁败，最终受损的，都是清朝政权！”代善对形势看得也很明白，也不想看到这样的局面，就问：“有什么好办法吗？”庄妃说：“办法不是没有，但首先需要您全力支援！”代善说：“只要有利于清朝政权，我一定会鼎力支持。”庄妃于是提出由福临继位，平抑豪格和多尔衮的冲突。代善觉得有理，答应了她的要求。

庄妃再找到多尔衮，说：“你的才能和威望毋庸置疑，一统天下的宏愿，也是众所周知。和豪格争斗，让清朝内耗，显然不是你所愿见。我和代善已经商量好了，由福临出面主政，所有的军国大事都由你一人做主。你觉得怎样？”多尔衮想了想，说：“只要不是豪格继位，我就没意见。”最后，她又找豪格，对豪格说：“多尔衮的威望和实力，大家都知道，你和他争，肯定会吃亏。现在大家都觉得由福临继位比较合适，你觉得呢？”豪格知道自己未必能赢多尔衮，于是说：“只要不是多尔衮继位，我就没意见。”至此，孝庄皇太后的计划圆满完成。

在一步步成功中，她逐渐卷入一场又一场政治斗争的旋涡，并展示出她卓越的政治才华，逐步确立稳固的地位，并成为清初政坛上的一个举足轻重的人物。

孝庄皇太后，清太宗皇太极妃，谥号孝庄，姓博尔济吉特氏，蒙古科尔沁部贝勒寨桑之女，顺治皇帝的亲生母亲。以其卓越的政治才华，达成自己的计划。

孝庄太后的成功路线

皇太极驾崩，豪格和多尔衮为争夺皇位各不相让。孝庄太后也有自己的如意算盘。

→ 先找代善

以大局观，以清朝政权的稳定繁荣打动代善，争取到了代善的支持。

→ 再找多尔衮

1. 戴高帽，夸对方才能、威望。
2. 直击软肋，用权力引诱。
3. 软硬兼施，暗示有代善相助。

→ 最后找豪格

直接向豪格摊牌，让其被迫接受。

→ 结果

多尔衮只好答应。

第二章

有“准备”，能守能攻无弱点

工欲善其事，必先利其器。

——《论语》

Chapter 2

1 好口才不是与生俱来的

说话，看起来很简单，只要有一张嘴，只要发声器官功能正常，每个人都能够说话。但是，说话又是一门高深的艺术，即便是针对同一件事，表述大致相同的意思，换了不同的人，结果也会大相径庭。

明朝的开国皇帝朱元璋，出身卑微众所周知，这在鼓吹“君权神授”的古代社会，也是统治者所避讳。朱元璋做了皇帝以后，有一天，一个从前的朋友跑去求见。见面之后，来人说：“我主万岁！当年微臣随驾扫荡芦州府，打破罐州城，跑了汤元帅，拿住豆将军，红孩儿当关，多亏菜将军。”朱元璋听了很高兴，把他留在身边重用。

朱元璋的另一位当年的玩伴听说此事，也来求见。见面之后，此人对朱元璋说：“我主万岁！还记得吗？从前，我们都替别人放牛。有一天，我们在芦花荡里，把偷来的豆子放在瓦罐子里煮着，还没等煮熟，大家就抢着吃，把罐子都打破了，撒了一地的豆子，汤都泼到泥地里了。你只顾着从地下满把地抓豆子吃，却不小心连茳草叶子也塞进嘴里去了，叶子哽在喉咙里，还是我出的主意，叫你用青草叶子放在手上拍拍吞下去，才把茳草叶子吞下肚子里去。”朱元璋听后，拂袖而去。随即，此人被杀。

其实，两个人都是朱元璋落魄时的好伙伴，所说的，又都是同一件事，结果，一个人被重用，得享荣华富贵；另一人却为此丢掉性命。为什么呢？关键在于说话。掌握了说话艺术的人，就是我们通常说的口才好的人。每一个人呱呱坠地时发出的第一声啼哭，几乎都是一样的，没有高明与低劣之分，也就是说，好口才不是与生俱来的。

大凡在各个领域取得巨大成功的伟人，都具有口才出众的特质。反过来说，任何一个人想要成功，都需要从练好口才做起。好口才虽然不是与生俱来的，但是只要自己有强烈的愿望和自信，只要遵循一定的规律和方法，就能使自己字字珠玑、舌灿莲花。

练好口才，提高自己的说话能力，进而熟练掌握和运用说话这门艺术，有些准备工作是必不可少的。正所谓磨刀不误砍柴工。本章此后各节将从内、外两个方面对相关内容作详细介绍。

磨刀不误砍柴工

一位父亲，有两个儿子，想挑选一人掌管家业，就给他们各一把砍柴刀，让他们上山砍柴，砍得多者可掌家。

哥哥拿了砍柴刀，径自上山砍柴去了。弟弟见砍柴刀钝了，就先磨刀，然后再上山砍柴。

父亲给兄弟二人的砍柴刀相同，哥哥虽然提前上山，砍柴时也很卖力，但由于刀钝，没能砍多少柴。

弟弟虽然磨刀耽误些时间，但由于刀很锋利，结果他砍的柴反而比哥哥多。最后父亲把家业交给弟弟掌管。

做好充分的准备

好口才不是与生俱来的，遵循一定的科学方法，通过自己的不断努力，可以练就好口才。

首先要有充分的准备

内

- 强烈的愿望
- 坚定的信心
- 饱满的热情
- 端正的态度
- 不屈的毅力

外

- 丰富学识
- 了解对方
- 学习他人
- 设计预案
- 不断总结

2 理想的动力

掌握说话的艺术，把话说得得体，不能算是人生的理想，但却是实现人生理想不能绕开的必经之路。

想要把话说好，想要掌握说话这门艺术，首先要正确认识、掌握这门艺术的价值意义。只有彻底明白把话说好对自己有着非常重要的意义，才能在行动过程中始终保持高度的激情，才能在困难和挫折面前，始终保持坚定不移的方向，才能在辛勤付出之后收获成功的喜悦。

把话说好对我们每一个人有着怎样重大的意义呢?

人是社会性的群体动物，其生存、发展离不开自己所属的特定群体，其价值意义也需要通过特定的群体来实现。既然不能特立独行于所属的群体，就必须与群体中的其他成员交流和合作，就必须借助于其他成员的帮助和支持。

掌握说话的艺术，说话得体，能够更容易树立自己良好的形象，展示自己独特的魅力，赢得别人的认同和尊重。

掌握说话的艺术，说话得体，能够更准确地表达自己的思想、观念和诉求，能够有效缩短自己和别人交流、沟通的距离，使自己的言语和行为更具效力。

掌握说话的艺术，说话得体，能够引起交流对象之间的心灵共鸣，为自己的工作和生活营造一个良好的氛围，为自己争取到最大可能的帮助和支持。

总之，每个人都需要与外界沟通和交流，都需要得到别人的支援和帮助，唯其如此，生活才会愉悦，事业才会成功。说话是否得体，决定着自己与外界的交流是否畅通，决定着自己是否能够得到别人尽可能多的帮助和支持。归根结底，会不会说话，在很大程度上决定着一个人的人脉关系，决定着一个人一生的成就!

认识到掌握说话这门艺术的重要意义，把它和自己远大的人生目标及理想联系起来，就能使自己获得巨大的内驱力，获取成功就是触手可及的事。

一错再错

有一人邀请甲、乙、丙、丁四位同事吃饭，希望和他们拉好关系。到了约定时间，甲、乙、丙三人都到了，唯有丁没到。

主人说："该来的没来。"
甲听了之后，认为主人的意思是"不该来的来了"，自己是不该来的，借故起身离去。

主人说："不该走的走了。"
乙心想："我是该走的吗？"乙也走了。

主人说："我又没有说他。"
丙听了，生气地说："那你一定是说我了？"

说话的意义

对内 → 树立自己良好的形象 → 结果 → 事业成功，生活幸福

互动 → 搭建与别人交流的平台 → 结果 → 事业成功，生活幸福

对外 → 争取最大限度的帮助和支持 → 结果 → 事业成功，生活幸福

AMY：小敏，今天我下班后有事，这个文件请你帮忙处理一下哦！

小敏：OK啦！谁让你这个大美女嘴巴那么甜呢！

AMY：那就谢谢啦！明天带面包请你吃哦。

3 坚定的信心

一个生来既盲且聋的女孩，通过自身努力，不仅掌握英、法、德等五国语言，还写作《假如给我三天光明》、《我的生活》、《我的老师》等广为传诵的优秀作品，最终被评为美国十大英雄偶像，荣获"总统自由勋章"。这个人就是海伦·凯勒。她曾经说过："信心是命运的主宰。"

信心，对于每一个人都很重要。对于绝大多数普通人来说，大家的基本条件都差不多，没有谁比谁更聪明、更优越，但最终每个人的成就不同，关键在于你对自己是否有信心！

每个人都会说话，但不是每个人都能够把话说好。决定一个人能否把话说好的关键，在于是否对自己有信心，相信自己能够把话说好。

对于绝大多数人来说，面对陌生的人、陌生的环境，说话、做事，都难免有胆怯的心理。这个时候，要是没有自信作支撑，就很难把话说得得体，把事情做得圆满。尤其是说话，需要面对面的交流，毫无回旋的余地。如果心存胆怯，就会开口之后忘记自己真正想要说的是什么，就会含混模糊、词不达意，既不能清楚、准确地传递自己的思想和诉求，还有可能给对方留下不良的印象。

反过来，只有你有充分的自信，说话的时候才能吐词清晰、不疾不徐、优雅从容，不仅把自己的思想和诉求准确无误地传达给对方，还能以自己的良好形象和个人魅力感染和打动对方，从而获得自己想要的最大收获。

小泽征尔是世界著名的交响乐指挥家，年轻的时候，在一次世界大赛中，他按照评委会给的乐谱指挥演奏，敏锐地发现了不和谐的音律。他的第一反应是乐队演奏出错，于是停下来重新演奏，结果还是一样。他肯定是评审会提供的乐谱有问题。可是，在场的作曲家和评审会的权威人士说，乐谱绝对没有问题，是小泽征尔错了。面对一大批音乐大师和权威人士，他思考再三，最后无比自信地说："不！一定是乐谱错了！"不料，他的话音刚落，评审席上的评审们立即站起来，对他报以热烈的掌声，祝贺他大赛夺冠！

自信与不自信

充满自信	↔	缺乏自信
↓ 说话		↓ 说话
措词清晰 神态优雅 心想事成	↔	含糊不清 神态猥琐 事与愿违

毛遂自荐

秦国举大军准备进攻赵国，赵国形势危急，赵相平原君欲出使楚国求救。

→ 毛遂自荐随平原君前往楚国。毛遂很自信地说："你用我，就会知道我的才能！"于是平原君带他一同前往楚国。

→ 到了楚国，楚王不愿帮助赵国。毛遂挺身而出说："合纵才能抗秦，否则迟早会被秦国各个击破。"一番不卑不亢、掷地有声的话，终让楚王答应帮助赵国。

→ 毛遂帮助平原君建成大功，回到国内，平原君把毛遂待为上宾。

4 饱满的热情

印度最伟大的诗人、文学家泰戈尔先生说过：“激情，这是鼓满船帆的风。风有时会把船帆吹断，但没有风，帆船就不能航行。”

每一个人，无论做任何事情，都需要一定的动力。对于每一个急需掌握说话这门艺术的人来说，有了远大的理想，有了坚定的信念，就可以从中获得行动的原动力，帮助自己向既定的目标前进。但是，任何一件有意义的事情，都不能轻易完成，如果缺乏恒久的动力，浅尝辄止，终究不会成功。想要顺利完成一件有一定难度的事情，我们需要饱满的热情，甚至是洋溢的激情。

譬如一个男子爱上了一个年轻貌美、品位高雅的女子，想要和她喜结连理，共度美好人生，这原本是一件无比幸福的事情，但假如自己是一个缺乏热情的人，不能把自己对对方的爱慕转化为具体有效的行动，就不可能达成心愿。爱上对方，首先应该向对方表白。但是仅表白还不够，因为爱情是崇高的、神圣的，不能等同于市场上卖几斤青菜、萝卜，要是那样轻易得来的，也就不能算作是爱情。你的表白，即使方式足够浪漫、绅士，对方也未必马上就能接受。你还得进一步地努力。

你爱上对方，但对方对你还不甚了解，当然不可能轻易接受你的爱。倘若你是真正爱对方，就应该对她充满热情，并一点一点地把自己的热情和真爱呈现在她的面前。当对方对你有充分的了解，心里认可你的才华、人品之后，出于女人固有的矜持，也许还会和你保持一定的距离。你不应该因为对方的若即若离而削弱自己的热情，而是要更加努力。只有这样，才能精诚所至，金石为开。

说话每个人都会，想要把话说好，就需要掌握说话的艺术。刚起步的时候，每个人都难免有言语不当的时候，难免有语无伦次的时候，难免有欲辩忘言的时候，这些都没关系。重要的是，始终保持向上的热情，不断地总结经验和教训，从点滴中累积，每天进步一点点，由量变转化为质变。

理想、信念和热情

想要掌握说话的艺术

- → 远大的理想 → 原动力 →
- → 坚定的信念 → 正确方向 →
- → 饱满的热情 → 加油站 →

不断努力尝试，不断总结进步。

熟练驾驭说话的艺术，说话得体，心想事成。

热情的售票员

有位先生走到售票视窗前，对售票员说：“我要两张到洛杉矶的优惠机票，有吗？”

售票员小姐热情地说：“当然有。请问你是印第安人吗？”
这位先生说：“这有什么关系吗？”
售票员小姐说：“如果是的话，我们可以优惠30%。”

这位先生遗憾地说：“不是。”
售票员小姐仍旧热情地问：“没关系。如果你们结婚20年以上还没离婚，可以享受20%的优惠。”

这位先生说：“这不适合我们。”
售票员小姐的热情不减，说：“请不要灰心。请问你和你的太太还在上学吗？要是其中一位还在上学，可以优惠45%。”

这位先生很感激地说：“谢谢你的热情介绍！你还是给我两张全价票吧！”

5 丰富的学识

说话，是通过语言的形式，传达自己的思想、情感，从而达到与人交流、沟通的目的。想使自己说出的话言之有物，首先得让自己的脑子里有独到的观念认知，使自己的内心饱含丰富的真情实感。倘若自己不学无术，脑子里没有对具体事物的真知灼见，只是凭借自己的嘴快，在那里滔滔不绝，口若悬河，最终的结果只会是贻笑大方。所以，想要自己说出的话中肯、动听，首要的一点就是不断提高自己的学识修养，不断开阔自己的知识视野。

在当今知识爆炸的时代，学习已经是一个很广泛的概念了，不只是坐在课堂里的孩子要刻苦学习，即使踏上了社会，也要继续学习，不断学习。不仅要学习书本上的知识，还要多渠道、多层次地学习。既要立足于自己的特点和长处，在自己擅长的领域精益求精，还要密切关注新生事物，关注社会焦点，把握时代的潮流和方向。

谦受益，满招损。学习过程中，最忌讳的就是骄傲自满、目中无人。对同一件事，每个人都可能有自己独到的见解，不能因为别人的观点与自己相左，就觉得别人的观点是错的，更不能够在说话的过程中流露出鄙夷的态度和神情。

提高自己的学识修养，丰富自己的知识视野，应该持平和的心态。在自己的专业领域，要尊重资历比自己高的前辈和专家权威，但又不迷信前辈和专家权威。当着他们的面，要虚心求教；私底下却要认真考证，去伪存真、去粗取精。要尊重虽然处于底层，但却有丰富执行经验的人。比如销售经理，就要多听取销售人员的意见和建议；工程设计人员要听取施工人员的意见和建议。

在自己专业以外的领域，涵盖的知识面很广泛，学习的途径和方法也不一而足，关键在于自己要有急切感和紧迫感。要把工作、生活和学习紧密结合起来。要事事用心，处处留意。要随时把提高学识修养、丰富知识视野，同掌握说话这门艺术紧密联系起来，同提高生活质量、实现人生价值紧密联系起来。

知识越丰富的人，越是发现自己无知

爱因斯坦（1879年—1955年），德裔美国物理学家（拥有瑞士国籍），思想家及哲学家，1879年生于德国，1900年加入瑞士国籍，后迁居美国。相对论"质能关系"的提出者，"决定论量子力学诠释"的捍卫者（振动的粒子）——不掷骰子的上帝。1999年被美国《时代周刊》评为"世纪伟人"。

爱因斯坦说："一个人掌握的知识就像一个圆点，圆点越大，掌握的知识越多，越容易发现自己的无知。"

爱因斯坦告诉你成功的秘诀

有一次，一个美国记者问爱因斯坦关于他成功的秘诀。

A=X+Y+Z!

他回答："早在1901年，我还是22岁的青年时，已经发现成功的公式。我可以把这公式的秘密告诉你，那就是A=X+Y+Z！A就是成功，X就是努力工作，Y是懂得休息，Z是少说废话！这公式对我有用，我想对许多人也一样有用。"

会说话 就是 言之有物 句句中肯 需要 提高学识修养，开阔知识视野

专业知识：向前辈、专家学；向有经验的人学

非专业知识：多渠道、多形式；谦受益、满招损

6 真挚的情感

会说话，说出的话能够打动人心、引起听众的共鸣，靠的不是侃侃而谈，是真情实感。前面说的言之有物、句句中肯，是要晓之以理，这里的打动人心、引起共鸣，靠的是动之以情。

以真挚的情感打动人心，让人感觉你的每一句话都是发自肺腑，靠的是说话者对说话对象由衷的关爱之情。

生活是如此的丰富多彩，我们需要面对的说话对象，自然有着极大的不确定性：年龄、性别、身份地位、脾气性格、学识修养等的差别，都是客观存在的，要求我们对每一个说话对象都满怀关爱之情，似乎有点勉为其难。世界上没有无缘无故的恨，也没有无缘无故的爱，有很多的说话对象，与自己的交情不是很深，有的甚至是素昧平生，关爱之情从何而来呢？关键在于自己的爱心培养。

爱心源自于博大的胸怀和积极乐观的人生态度。只要一个人有容纳万物的博大胸怀，有积极向上的乐观态度，世界上的万事万物，在自己的眼里都是可爱的，世界上的每一个人，都是值得我们为之付出感情的。所以，爱心培养的方法和途径，首先从爱自己、爱生活开始，然后向外推延和扩展，爱自己的家人和朋友，进而爱身边的人和物，再上升为爱世间的万事万物。

需要注意的是，说话对象差别极大，关爱说话对象，绝对不是只挑好听的话来说，不是一味地讨好对方，不是卑躬屈膝说肉麻的话。特别是在当今文明社会，人与人之间，无论身份地位有多大的差别，人格上都是平等的，没有高下之别，话语之外，也没有刻意委屈自己而去讨好别人的必要。有的时候，违背自己的内心需要，刻意讨好别人的结果，极有可能被别人认定为你在矫情造作，怀疑你怀有不可告人的险恶用心。倘若因此使对方对你怀有戒备之心，岂不是画虎不成反类犬？

因此，说话动之以情，需要建立在晓之以理的基础之上；晓之以理是前提和基础，动之以情是有效的辅助手段和催化剂。即便出于特殊的需要，为了让说话对象高兴，讨好对方也不可过于浅露和直接，而应委婉和把握分寸。

宰相夫人不是人

大清乾隆朝王翰林为母亲做寿，满朝文武大臣都来祝寿，纪晓岚也是受邀的客人之一。大家都知道纪晓岚擅长写诗赋，于是，王翰林就请他即席做个祝寿词助兴。

纪晓岚也不推辞，当着满堂宾客脱口而出：“这个婆娘不是人，”老夫人一听脸色大变，王翰林十分尴尬。

纪晓岚不慌不忙念出第二句：“九天仙女下凡尘。”顿时全场称赞，老夫人也转怒为喜。

纪晓岚接着高声朗读第三句：“生个儿子去做贼，”满场宾客变成哑巴，欢悦变成难堪。

纪晓岚喊出第四句：“偷得仙桃献母亲。”大家立刻欢呼起来。

动之以情

会说话 → 关爱他人 动之以情 → 爱心培养 → 博大胸怀，积极的人生态度 → 动真情 忌矫情

推销员：小姐，你的皮肤真好，要不要试一下我们这款润肤霜呢？

客户：你说我皮肤好，何必要用润肤霜？说话真是虚伪！

7 善于借鉴

见什么人说什么话，是有道理的。会说话，说出的话让人觉得动听，需要在不同的时间、场合，针对不同的对象，说不同的内容。无论时间、场合，还是说话的对象，甚至自己说话需要达成的目标愿望等，这么多的因素，看起来都各有不同，显得纷繁复杂，让人有难以驾驭、望而生畏之感。这就要求有志于掌握说话艺术的人，要善于学习借鉴。

政治家大多都是优秀的演讲大师，他们的讲话，具有极大的煽动性和感染力，唯有如此，才能收到他们想要的一呼百应、领袖群伦的效果。学习借鉴他们的成功经验，是有志于掌握说话艺术的人的不二选择。

二战时期的英国首相丘吉尔，是那个时代最会说话、最能打动人心的政治家。当第二次世界大战中大不列颠孤立无援、毫无防御能力之时，他用他的决心、战斗到底的语调和幽默诙谐的调侃，激励人们去抵抗、去战斗、去获取胜利。瑞典文学院给他的评价是：“丘吉尔成熟的演说，目的敏捷准确，内容壮观动人。丘吉尔在关键时刻滔滔不绝的演说，另有一番动人心魄的魔力。”其他如印度前总理甘地，美国前总统肯尼迪、克林顿，都是以口才著称的政治家。

需要强调的是，政治家不是天生，他们的说话技巧也都不是与生俱来的。中国古代的陈胜，不过是农夫出身，但在宣布大泽乡起义时，他对大家说：“我们大家在这里遇上了大雨，已经不能按时到达渔阳，按照秦朝法律会被杀头。就算不被杀头，前去戍边的大多难以生还。壮士不死就算了，要死也要死得轰轰烈烈！王侯将相哪有什么一定的出身？！”虽然简短，但却切中要害，得到了天下的回应。

除了政治家，外交家、文学家、推销大师都是以善于说话而著称的。学习借鉴他们的成功经验，对每一个有志于说话艺术的人，都会有莫大的帮助。

除了借鉴名人、伟人的经验，还应该学习身边人的长处。无论亲友，还是同事，他们身上总有很多值得借鉴的才能，能贴近自己的生活，更符合自己的需要，是自己吸取营养、不断进步的力量源泉。

马克. 吐温的故事

马克·吐温（1835年—1910年），原名萨缪尔·兰亨·克莱门，美国幽默大师、文学家，也是著名演说家。19世纪后期美国现实主义文学的杰出代表。

国会议员不是混蛋

有一次，马克·吐温在报纸上发表文章，写："国会议员有一半是混蛋。"

此语一出，立即引来众多国会议员的强烈不满，纷纷要求马克·吐温道歉。

马克·吐温好像是迫于压力，只好在报纸上发表了一封道歉信："本人日前说有些国会议员是混蛋，细想觉得的确不妥，现郑重道歉！其实，正确的说法是：'国会议员有一半不是混蛋'。"

你也可以说假话

有一次，马克·吐温应邀赴宴，席间，他对一位傲慢的贵妇说："夫人，你太美丽了！"

不料那妇人却说："先生，可是遗憾得很，我不能用同样的话回答你。"头脑灵敏、言辞犀利的马克·吐温笑着回答："那没关系，你也可以像我一样说假话。"

学会说话 —需要→ 借鉴他人经验

- 学习借鉴名人的经验：政治家、外交家、推销大师
- 学习借鉴身边人的长处：家人、朋友、同事

8 用心设计细节

按照说话的时间、场合、对象、作用，大致可以把说话分为两种不同的类型：其一是日常闲暇时的说话，其二是正式场合的说话。

非正式场合说话，面对的都是自己人，只要能够把自己想要表达的意思传递给对方，让对方接收和理解就行了，无需讲究太多的方法和技巧。正式场合讲话，因为关系重大，不容有丝毫的闪失，在可能的情况下，最好事先对相关细节做相关的设计。

事先设计，第一要紧的是讲话的内容。因为只有言之有物、言之有理才能打动听众，所以需要围绕讲话的主题，对讲话的内容进行整理。有条件的情况下，最好形成书面文字，便于及时发现问题并有效处理。实在不行，也要打个草稿，认真斟酌。只有这样，讲话时才能做到主题鲜明、中心突出，从而保证听众明白和接收自己的思想、观念。

其次是讲话的方式和方法。要从自己的衣着形象开始，再到自己的神态表情，直到语速的快慢、语气的轻重、内容的逻辑安排等。

另外，事先设计细节，应该对可能出现的突发状况作出预判。譬如针对自己的说话内容，不同的听众可能会有不同的理解和感受，从而提出一些独具特色的质疑和问题。真正做到有备无患，使一切都处于自己的设计和掌控范围之内。

一切都设计妥当之后，视其情况，要是关系特别重大的讲话，最好事先按照设计的程序进行演练，并针对演练的效果进行修正和补充，直到自己满意为止。

对于众多刚进入职场的年轻人来说，在正式场合发表重要言论的机会其实并不多。正因为机会难得，所以需要珍惜和把握，而且因为年轻识浅、经验不足，还需要事先做好充分的准备。相信在一击得手之后，所有人都会对你刮目相看，你的事业前景和人生道路，就会变得无限广阔。

生活中有太多的正式讲话场合是不期而至，容不得一个人做过多的准备。在这种情况下，最好的处理办法就是不急于开口说话，让对方先说，让其他的人先说，给自己尽可能充分的准备时间和空间。

正式场合说话

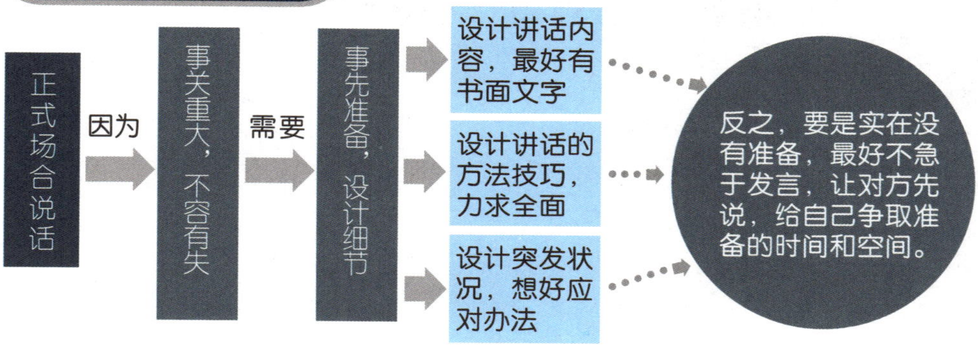

外交家的机智回答

有一位著名的外交家，长相非常普通，有一次出国谈判，对方开口说：“先生的才学实在令人佩服，只是您的长相，实在不敢恭维。”

外交家说：“我母亲可不这样认为！”

我很尴尬，你呢？

当马克·吐温还是一个不大知名的作家时，有人把他介绍给格兰特将军。两人见面握过手后，马克·吐温想不出一句可讲的话，而格兰特也保持平日的那种缄默态度。

最后还是马克·吐温结结巴巴地说了一句：“将军，我感到很尴尬，你呢？”

9 不断检讨，不断进步

任何人做任何事情，都不能存一蹴而就之想。浅尝辄止，遇到一点困难和挫折就退缩，纯属懦夫行为。

心里想到什么，就不假思索地说出来，也不顾自己所说的话会引发什么样的后果，这是每个人都能轻易做到的。但要把话说得中肯、动听，达到自己心里预期的效果，就需要掌握说话的艺术。每个人都不是天生的演说家，练习说话，也像做其他任何事情一样，都需要有一个循序渐进的过程。

学会说话，迈出第一步非常重要。缺乏演讲经验的人，就算自己的性格非常开朗活泼，尽管在自己熟悉的家人、朋友面前讲话可以口沫横飞，但只要遇见陌生人，或者面临正式的严肃场合，立刻就变得语无伦次、含混不清了。对于这种情况，最要紧的是克服胆怯心理，敢于大胆说出自己心里想要说的话。

由于缺乏经验，准备也不够充分，每一个人第一次在重要场合说话，都难免会犯这样那样的错误，有的时候，甚至会出洋相，引得别人哄堂大笑。这都没关系，是正常的。对于想掌握说话这门艺术的人来说，第一次当众讲话的效果，远不如过程重要。

想要第一次“出人头地”就赢得满堂彩，几乎不可能，也完全没有必要。有的时候，表现越差，结果越坏，暴露出来的问题越多，越有利于自己归纳总结。倘若效果不错，让自己沾沾自喜，实际上就等于把自己很多固有的缺点和毛病都掩藏住了。不能及时发现自己的不足，就难以进步和提高。只有及时发现自己的缺点和不足，并采取补救和改进措施，一个人的说话水平才会不断提高。

由于说话的时间、场合，面对的对象，都具有很大的不确定性，所以，即使迈出大胆表达的关键一步，甚至在积累相当的经验，感觉能够驾轻就熟之后，某个突发的状况，还是有可能毁掉自己的清誉。因此，只要是有志于掌握说话这门艺术的人，都应该始终保持谦虚谨慎的态度，养成每次重大场合讲话之后，都认真检讨的好习惯。

林肯是这样练习演讲的

林肯出身低微，当过雇工、石匠、店员、舵手、伐木工人等，尽管生活环境异常艰辛，但他从来不放松口才的训练。

林肯（1809年—1865年），美国第十六任总统，他指挥美国南北战争，颁布《解放黑人奴隶宣言》，维护美联邦统一，为美国在19世纪跃居世界头号工业强国开辟了道路，使美国进入经济发展的黄金时代，被称为“伟大的解放者”。

他从17岁时起，常徒步30多英里到镇上，听法院里律师慷慨陈词的辩护，听传教士高亢激昂的布道，听政界人士振振有词的演讲，然后自行模仿演练，口才得以不断进步。

1830年，他为了一次重要集会上的演讲，竟然面对光秃秃的树桩和成行的玉米，一遍又一遍地反复试讲，直到自己满意为止。林肯不仅是美国最受尊敬的总统，也是世界著名的演说家。

进步的阶梯

掌握说话的艺术

第一步

克服胆怯心理，大胆说出心里想说的话。

第二步

以失败为起点，检讨自己的缺点和不足，采取改进措施。

目标

使说话水平不断提高。

第三章

看“对象”，句句道进心坎里

未可语言而言，谓之傲；可语言而不言，谓之隐。

——《劝学篇》

Chapter 3 看“对象”，句句道进心坎里

1 不可对牛弹琴

说话的目的在于交流和沟通，是主体和客体之间的互动。说话的人是主体，传输自己的思想观念和内心诉求；听话的人是客体，接受主体的说话内容，并适时给予一定的反馈。会说话的人，首先要根据说话对象的实际情况，采用一定的技巧和方法，让自己的话打动对方的内心，使自己的思想观念被对方接受或认可，从而达到自己想要的最佳效果。否则，如果忽视了说话对象的实际情况，只是自己一厢情愿地滔滔不绝，就等于是对牛弹琴，不仅起不到任何作用，有时还会适得其反。

世界上的每一个人都是相对独立的个体，对同样一句话，不同的人听了，会有不同的感受和反应。因此，学会说话，就要认清说话对象，根据对方的不同特征，采取各自不同的最佳说话方式。

首先，是说话对象的身份地位。人与人之间需要互相尊重，尊卑之序不能随意混淆。特别是对方为自己的部门主管、顶头上司，或者自己有求于对方、受其节制时，更要小心谨慎。

其次，是说话对象的性格和喜好。就算是同样的部门主管和顶头上司，性格和喜好也会截然不同，有的豪放粗犷、不拘小节，有的严谨认真、注重细节，有的平易近人，有的自恃身份……如果说话时不加区别，随性而为，肯定不会有好的结果。

再次，是自己和说话对象之间的关系远近。就算是一个部门里的同事，也会有性格脾气、志趣爱好的差异，而且由于一起工作时间长短的不同，自然有关系亲近和关系疏远之别。说话时，对关系疏远的人，不可交浅言深；对于关系亲近的人，则应推心置腹。

最后，是说话对象的情绪状态。正常情况下，每个人都会表现出相对稳定的性格特征和行为作风，而一旦受特殊事件的影响，就会一反常态。譬如自己的顶头上司，原本是一个性格开朗、为人随和的人，却因家里遇上麻烦，或者刚被自己的上司训斥之后，情绪自然不好。此时，就要求说话者善于捕捉相关信息，适时调整说话的策略。

喜欢哪一点？

一个男生喜欢一个女生，想要追求对方，并不断向该女生示好，献殷勤。
男生问：“你最喜欢我的哪一点？”

女生明白男生的意图，但她根本不喜欢这个男生。
女生说：“其实，我最喜欢你离我‘远一点’！”

认清说话对象

说话不看对象，等于对牛弹琴，不会有任何效果 → 认清说话对象：

- 其一 → 对方的身份地位
- 其二 → 对方的性格和喜好
- 其三 → 对方和自己的关系
- 其四 → 对方的情绪状态

→ 有的放矢，无往不胜

2 怎样和上司说话？

一旦进入职场，无论政府机关，还是一个企业，每个人都无可避免会有自己的上司。虽然在人格上每个人都是平等的，不同的职位只是分工的不同，没有刻意讨好上司的必要，但话又说回来，自己和上司之间，还是有所区别的。上司是管理自己的人，要指导和监督自己工作，自己的工作需要向上司负责。尤其进入政府机关，希望在官场有所建树的人，上司负责对自己的工作能力和工作成绩进行考评，考评的结果，直接决定自己将来的升迁和发展。和上司建立好关系，得到上司的信任和认可，在关键时候帮自己一把，就能省去自己很大的个人努力。否则，一旦和上司交恶，上司处处找你麻烦，你的前程也就会变得灰暗。

和上司培养好关系，争取信任和认可，方法和途径很多。有的人不惜对上司卑躬屈膝、巴结讨好，甚至送礼行贿，这既不是正途，也有损自己的原则和尊严，是不值得提倡的。其实更多的上司，他们喜欢的多是才能出众、忠诚可靠、成绩出色的下属，只要你努力工作、成绩出众，就能引起上司的重视，只要你说话得体，就能赢得上司的好感。

和上司说话，首先要消除紧张的情绪和害怕的心理。上司是人，自己也是人，没有高贵和低卑之别。只有克服了紧张和害怕，说起话来才能够思路清晰、举止大方，才能赢得上司的尊重。否则，如果只是因为紧张和害怕导致自己唯唯诺诺、口齿不清，很容易使上司对你的能力产生怀疑。一旦上司怀疑你的能力有问题，再想得到上司的赏识和重用，几乎就是不可能的。

其次，是要表现出对上司足够的尊重，即使自己在工作上取得相当不错的成绩，得到夸赞，也不要沾沾自喜，而应强调上司对自己的培养和帮助。上司对每一个下属的培养和帮助都是客观存在的，要是因为自己有了一点成绩就忘乎所以，就会给上司留下狂傲自大的印象，就等于否定了上司对自己的帮助和培养。如此一来，再想得到上司的青睐和帮助，简直就是痴人说梦。

再其次，是要适时维护上司的威信。无论如何，都不能当众顶撞和驳斥上司。即使上司真的有错，也要以温和的语气，委婉地提出来。

怎样和上司说话？

首先 → 消除紧张的情绪和恐惧的心理，确保行为举止大方、思路清晰。

其次 → 表现出对上司足够的尊重，时刻不忘上司的培养和帮助。

再次 → 维护上司的威信，不可当众顶撞和驳斥上司。

最后 → 根据上司的性格、志趣、情绪状况等具体情况，再作调整。

认清说话对象

大伟刚到新公司工作，下班前老板问他："今天做得怎么样？"大伟说："今天的事情都做完了。"老板说："你明天不用来了。你不会先想明天的事吗？"

大伟找到另一家公司上班。下班前老板也问："今天做得怎么样？"大伟说："今天的事做完了，正在想明天该做什么事。"老板说："你明天不用来了。怎么能只考虑自己，却不知道帮助其他同事呢？"

大伟找到第三家公司，老板也问他同样的问题。大伟回答："今天的事情做完了，还帮同事做了不少事，正在思考明天该做哪项工作！"

老板说："你每天上班做这么多事情？我真担心有没有一件事是确实完成的。我们需要的是专业人才，你明天不用再来了吧！"

主管：John，你看我们和万祥公司合作的前景怎么样？

John：这个合作案很好，不过目前好像还有合作条件没谈妥！

主管：是啊，目前还有要调整的地方。

3 怎样和下属说话？

作为一个上司，需要时刻谨记：下属是自己工作上足可信任、必须依靠的伙伴。没有下属辛勤努力的工作，你就不会有任何业绩，也不可能赚到一分钱。

既然员工和下属是自己必须依靠和信任的对象，作为一个称职的上司或老板，就要给予他们足够的尊重和信任，就要想尽一切办法激发他们的工作热情。

和下属说话，需要注意哪些问题呢？

首先，要尊重下属。上司是人，下属也是人，彼此在人格上是平等的。尊重下属，就要尊重下属的人格。对下属说话，态度一定要平易近人，语气一定要温和、亲切，即使下属在工作中出现错误，也切忌不要侮辱他们的人格，更不可口不择言地责骂他们。尊重下属，尽量不要说责怪下属的话，即使他们工作中出现错误，也要首先从自己的身上查找原因，要勇于承担责任。

其次，要信任下属。下属是自己工作中的合作伙伴，每个人都有自己的角色地位，都是团队里不可或缺的一分子。要相信他们有足够的能力和责任心，相信他们能够完成自己交付的工作任务。信任下属，说话的时候，多用鼓励、期待的语气和词汇，少用埋怨、质疑的语气和词汇，能够完全不用，那是最好的了。

再次，是激发员工的工作热情。每个人都有追求成功、体现自我价值的心理需要。即便下属从事的工作是最普通、最平凡的，他们同样需要被认可，需要被尊重。因此，上司和下属说话，一定要强调每一个下属工作的重要性，激发他们内心深处的神圣感和使命感。

最后，是帮助下属取得成就。身为上司要明白，作为一个团队的主管者，要有强烈的责任心，要彻底摒弃高高在上的优越感，要积极创造条件，帮助下属取得成就。交代工作任务时，内容一定要简洁、明确，不可模棱两可和含混不清；要随时关注下属的工作进展，发现问题，要及时指出来，帮助其及时矫正；哪怕是下属取得小小的成绩，也要适时鼓励和褒奖，帮助他们取得更大的成就。

怎样和下属说话？

首先 → 尊重下属。态度平易近人，语气温和，不轻易责怪下属，勇于为下属承担责任。

其次 → 信任下属。肯定他们是不可或缺的一分子，相信他们能完成工作任务，多肯定，少质疑。

再次 → 激发下属的工作热情。交代任务一定要简洁、明确。肯定每个下属的重要性。

最后 → 帮助下属取得成就，并及时肯定和褒奖。还要及时指出错误和不足。

刘邦的故事

汉高祖刘邦打败项羽，夺取天下后，有一天，大宴功臣，并请大家分析自己打败项羽、夺取成功的原因。

很多人的回答，不外乎夸赞刘邦如何英明神武，把功劳都归到刘邦名下。

刘邦并不贪功，认为自己夺取天下，萧何、张良、韩信的功劳最大。他说：

→ 运筹帷幄之中，决胜千里之外，吾不如张良。

→ 镇守国家，安抚百姓，不断供给军粮，我不如萧何。

→ 率百万之众，战必胜，攻必取，我不如韩信。

副经理：小王，你是我们公司的金牌业务，今天的会议上，你可要投我一票哦！

小王：只要你能说服我的主管，我当然听你的啊！

4 怎样和同事说话？

同事的含义有两种，广义地讲，只要和自己在一个部门（无论政府部门、企业及其他团体）工作的人，都是自己的同事，既包括自己的上司，也包括自己的下属。狭义地讲，同事是和自己在一个部门工作，职位方面没有隶属关系的人，也就是部门里除了上司和下属，职位和自己平行、不交叉的人。针对上司，你的身份是下属；针对下属，你的身份是上司；针对同事，你的身份同样是同事。我们已经专门解说怎样和上司及下属说话，所以这里所说的同事，就是狭义的同事。

同事之间，虽然职位和身份并不交叉和隶属，但并非两者之间就毫无关系，各自为政。首先，你们既然身处同一个部门，就是同在一个屋檐下，总体目标相同，利益得失也是相互关联，正所谓一荣俱荣、一损俱损。其次，只要是正常运转的部门和团体，每个人都像是一部机器上的某个零部件，都有自己特殊的价值作用，只是所处的位置不一样。整个机器要正常运转，每个零件都应处于良好状态，只要某个零件出了问题，整个机器就会陷入危险状态，甚至是瘫痪状态。同样的道理，如果只是一个零件状态良好，其他的零件有了问题，机器不能正常运转，这个零件的价值也就无从体现。

由于利益目标一致，同事之间应该相互尊重、支持，紧密配合，彼此帮助。和同事建立关系，等于是赢得良好的人脉网络，就能得到大家的鼎力支持和帮助。

和同事说话，首先要温和内敛。同事之间的关系，是真正意义上的对等关系。同时，相互依赖性极强，说话最忌冒犯对方的尊严。通常情况下，对上司言语失当，上司会以“大人不计小人过”的心态包容和原谅下属；对下属言语失当，下属会以“人在屋檐下不得不低头”的心态忍受。而对于同事，没人会包容你，也没人会容忍你。

其次是少谈工作。现代社会，每个人的压力都很大，很多是直接来源于工作。在大多数人看来，工作的目的是赚取收入，提高生活质量。如果你不分时间和场合，总是把工作的内容挂在嘴上，要么让人生厌，要么被视为别有用心。也不要随便评价自己的上司和同事，尤其不能随便在背后说其他人的坏话。

怎样和同事说话？

首先 → 温和、内敛。无论何种情况下，都要笑脸相迎，尊重对方和尊重对方的意见一样重要。

其次 → 少谈和工作有关的话题。不要随便批评自己的上司和同事，尤其不能在背后说别人坏话。

最后 → 凡事不要抢着出风头，不要在同事面前对上司过于献媚，也不要贬低别人而抬高自己。

May：丽丽，我今天在厕所居然听到Judy和另一个同事说我皮肤差，长得又胖！

丽丽：的确很过分！咦，你今天的耳环，和你的衣服很搭哦！

May：真的吗？这家店的东西很不错，改天我们一起去逛逛吧！

同事关系

一 狭义的同事关系

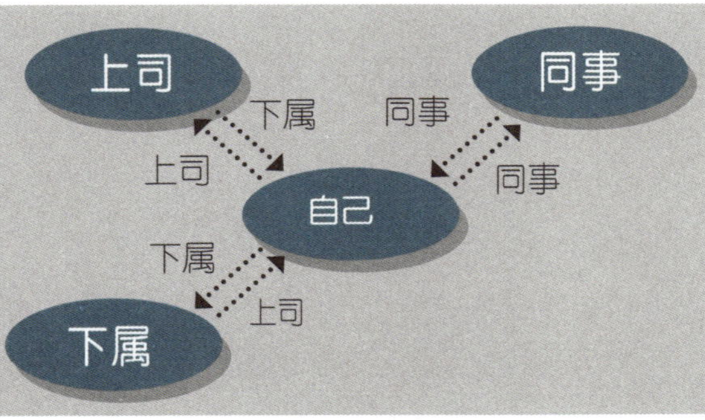

二 广义的同事关系

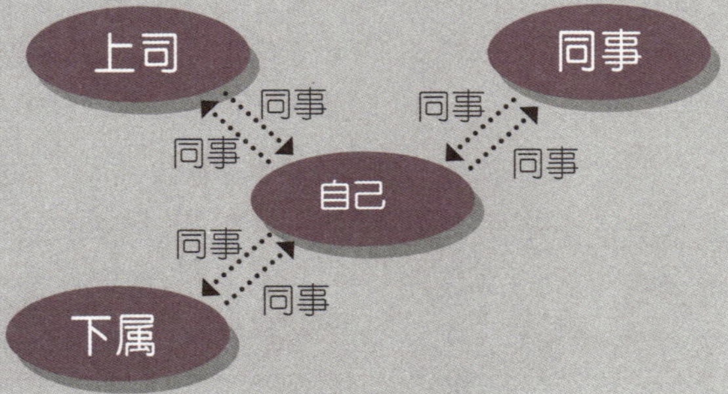

5 怎样和客户说话？

客户首先是自己的工作对象，其次才是自己的说话对象。企业要赚钱，要生存发展，就需要有客户来购买自己的产品，需要客户来消费自己的服务项目。经营企业的终极目的，就是赚取最大利润，而这全靠客户掏腰包。从这个意义上讲，客户就是上帝。

和客户说话交往，就是要用自己企业的产品或服务打动对方，用产品或服务满足客户的需求，让客户自愿购买你的产品或消费你提供的服务，从而达到为企业赚钱的目的。

和客户说话，要始终牢记“客户至上”的宗旨，一切围绕客户需要而展开，尽一切努力让客户满意。具体来讲，以下几个方面必须注意：

首先要热情主动。主动说话，笑脸相迎，把自己最阳光灿烂的形象展现在客户的面前，让客户由你个人的良好形象，推及企业的良好形象，再推及公司产品或服务的优良质量。说话过程中，要主动说明客户最关心的问题，解除其后顾之忧，不要等客户问了才仓促回答。

其次要赞赏和迎合客户的观点。客户提出自己的观点，肯定有他的道理，同时也透露了他的需求和所关心的问题，赞赏和迎合其观点，等于是在彼此之间架设起一座沟通的桥梁，使双方的交流再无阻碍。在此良好的氛围之下，客户也会不自觉地接受你的观点。

再其次是永远不要对客户说“不”。即使客户的观点和自己的观点不符，甚至是互相对立，也不要立即驳斥对方，而应该以委婉的方式陈述和坚持自己的观点，并让对方认可和接受。即使客户提出的某些要求自己暂时不能满足（请千万记住，只是暂时不能满足，不是永远不能满足），也不要对客户说“不”，而应说自己和公司会想尽一切办法满足客户的需要。至少让客户对你和公司保留希望，合作才能深入进行。

最后，即使交易和合作没有成功，也不能堵塞双方再度合作的通道。交易和合作不成功，不能说是自己的产品或服务不能满足客户的需要，也不能说客户对你提供的产品或服务没有兴趣。只能说是自己公司的产品或服务有待于改进和提高。即使是合作告吹，也要为双方的下一次交易和合作种下希望的种子。

怎样和客户说话？

怎样和客户说话

- 首先：热情并且主动。树立自己和公司的良好形象。主动介绍客户可能关心的问题，解除其顾虑。
- 其次：赞赏和迎合客户的观点。搭建双方交流和沟通的桥梁，使对方不自觉地接受你的观点。
- 再次：别对客户说“不”。即使双方意见有分歧，也不要驳斥；即使暂时不能满足客户的需要，也要让对方保留希望。
- 最后：即使交易和合作没有成功，也不能堵塞双方再度合作的通道。如最后合作告吹，也要送给对方最甜美的笑脸。

聆听顾客的心声

胡顿先生在百货公司买了一套衣服。不久，胡顿先生发现这套衣服会褪色。

胡顿先生生气地拿着衣服去找店员说：“衣服怎么一洗就褪色，质量真差！”

店员反驳道：“这怎么可能？这款衣服已经热卖了几千套，从没有客户抱怨过质量！”

另一个店员说：“黑色衣服一开始都会褪色，况且这个价钱的衣服，就是这个质量。”

胡顿先生听了，心中怒火燃烧了起来，便和店员起了争执：“我从来没有见过像你们这样做生意的，我要打电话投诉你们！”

这时，在一旁巡视工作的经理目睹事情的整个过程，他走过来，用真诚的语气对胡顿先生说：“真不好意思！我们会承担所有责任。”

见到经理的诚恳态度，让胡顿先生的想法有巨大的转变。他说：“好吧！如果你们有办法能防止衣服不再褪色，我就继续穿。”

“那我建议您再穿一个星期，如果还有问题，到时候会帮您换一套您满意的衣服。”

结果，这套衣服再也没有褪色，而胡顿先生对这家百货公司的不好印象也消失了。

6 怎样和家人说话？

家人和自己有血缘之亲，彼此熟知、关系亲密，但是，家庭是社会的细胞，家庭成员之间的身份和关系错综复杂，太过随心所欲，也会言语失当，使自己在原本和睦的家庭人际关系中处于尴尬的境地。而且在家里学会说话，到外面说话才能更得体，在家里的人际关系中如鱼得水，到了外面的世界才能游刃有余。

中国是传统的礼仪之邦，和家人相处，和家人说话，应该把传统的尊卑长幼之序，作为贯彻始终的前提和恪守不变的原则。

首先，父母（和长辈）在家庭中居上位，是自己必须礼敬的。虽然过去讲“天下无不是的父母”这句话，在今天看来未必完全正确，但父母生养我们，尊敬他们、孝顺他们，都是我们后辈的责任所在。和父母说话，应集中表现在一个“礼敬”上面，而且是发自于肺腑之中，表现在言语之间。必须承认，由于时代的不同，自己和父母之间，对某些问题的观念和看法肯定会有所不同，对此，作为子女，即便明知自己的主张是对的，父母的主张错误，也没必要与其争辩。最好的办法是巧妙转移话题，或者表面上顺从父母的主张，待适当时机再说服父母。

其次，夫妻之间是彼此关系最为亲密的人，必须相互扶持。但是很多时候，我们常常会因为朋友而忘记对方，也有可能因为父母或子女而忽视对方。但夫妻双方，自从结合的那一天开始，就注定是你中有我、我中有你，难以割舍。即便从利益角度考虑，夫妻之间也是应该利益共同、进退相随。特别是在危难关头，最能相互依赖、最可相互扶持的，不是朋友，不是父母、子女，而是夫妻双方。夫妻之间说话，可以不拘于任何形式和道理，但必须遵循一条原则：身为男人，给自己的女人最细心的呵护；身为女人，给自己的男人最体贴的关怀。

再次，子女是自己生命的延续，是社会发展进步的希望所在。无论从家庭的角度，还是社会的角度，父母都要对自己的子女满怀关爱之情。每个孩子都是在不断成长的，不同时期的孩子，具有不同的性格特点，父母教育孩子，除了尊重孩子的特点之外，晓之以理、动之以情是可以贯彻始终的良好方法。即使孩子不断犯错、屡教不改，父母也要有足够的耐心和包容心，做到“不抛弃，不放弃”。

家庭关系和社会关系比照

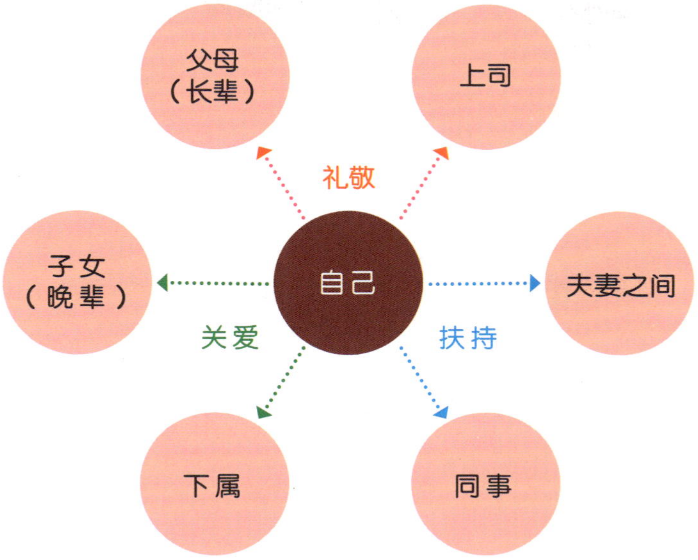

怎样和家人说话？

怎样和家人说话		
	父母长辈	必须礼敬。即使意见不同，也不能驳斥或顶撞父母。
	夫妻之间	必须相互扶持。男人给女人最细心的呵护，女人给男人最体贴的关爱。
	子女晚辈	满怀关爱之情。针对不同的性格特点，晓之以理，动之以情。不抛弃，不放弃。

老公：老婆，我想养一条牧羊犬，你觉得怎么样？

老婆：主意很好！可是我们现在的房子有点小，要不要等你赚了钱，换了大房子再养？

老公：好！从今天开始，我要努力赚钱！

7 怎样和陌生人说话？

从生命本源的角度看，父母是自己最亲近的人；从社会学的角度看，一个人出生时，所有人都是陌生人。虽然每个人的身体里都流着父母的血液，都携带父母的遗传基因，但是，假如一个人刚出生就离开父母，不再和父母生活在一起，随着时间的流逝，这个人身上携带父母所给予的遗传基因特征，会越来越淡化。所以，一个人和别人关系的亲疏远近，取决于相处时间的长短，还有交流和沟通的频率、质量。换句话说，即使是素昧平生的陌生人，只要善于交流，也会逐渐熟知。即便是血肉至亲，没有了交流沟通，也会渐渐疏远和陌生。

交流和沟通，原本就是从两个相互陌生的人开始，学会和陌生人交流，知道怎么和陌生人说话，对一个人人际交往和说话能力的提高，都会有极大的帮助。

万事开头难。因此，和陌生人说话，首先要克服自己的畏惧和害羞心理。“人之初，性本善”，每个人都有与别人交流的需求和愿望，只要你心里是这样想的，畏惧和害羞的心理就会自觉地消失。

“无事献殷勤，非奸即盗。”和陌生人说话，应尽力消除对方的戒备心理。自我保护是每个人与生俱来的本能，一旦有陌生人主动和自己说话，很多人都会以异样的目光打量对方，同时质疑此人的动机。和陌生人说话之前，最好和对方正面相对，以便对方看清你的整个身体，确信你没有伤害自己的意图。为了有效缩短彼此的心理距离（身体需要和对方保持恰当的距离），身体一定要放松，面部一定要带着微笑。开口说话之时，语气一定要轻柔，语速不能过快，言词一定要清晰，使对方在最短的时间明白你要表达的意思。为了达到这个目的，最好在说话的同时，伴以适当的肢体语言或手势。

想让一个陌生人迅速在心里真正完全接纳另一个不熟悉的人，应该很困难。和陌生人说话，特别是当你有求于对方时， 一开始就谈实质性的问题，往往徒劳无功。比较好的办法就是避重就轻，先谈一些无关痛痒的轻松话题，融洽彼此之间的气氛，消除对方的戒备，甚至敌视态度。等对方在心里认可和接纳你之后，再谈核心话题，收效会好很多。

怎样和陌生人说话？

必须要做到

- 消除自我畏惧和害羞心理
- 正面相对，让对方看清自己
- 和对方的身体保持恰当的距离
- 身体放松，面带微笑
- 语气轻柔、语速舒缓、言词清晰
- 伴以适当的肢体语言和手势
- 避重就轻，从无关痛痒的话题开始
- 无论结果如何，给对方留下好印象

不要忽略微笑

白格是一位职业棒球手，退役后，他选择做保险。保险行业的竞争非常激烈，经过许多年的打拼，白格成为一个成功的保险商，在业界很有名气。

许多人都向白格请教成功的方法，白格说：“其实我没有什么诀窍，不过我做到了件特别容易被人忽略的事情，那就是保持微笑。无论对方说什么，我从来都不会板着脸。渐渐的，我的客户越来越多。”

白格不仅对每一个陌生的客户微笑，也对家人、公司的员工和同事微笑。微笑为他的事业铺平道路，也为他的人生带来幸福。

8 怎样和儒雅的人说话？

说话的对象差别很大，分类归纳的方法不同，采取的针对性说话技巧也应该不同，需要说话者特别注意的禁忌点也有不同。前面重点从说话人的角度出发，按照说话对象和自己的相互关系，对不同的说话对象进行分析归纳。现在从说话对象的角度出发，分析归纳不同说话对象自身的特征，归纳出掌握说话艺术的关键和重点。

需要面对的说话对象差别很大。一个人由于年龄、性别、教育背景、性格脾气、道德修养的不同，思考方式和行为方式也会不尽相同。说话之时，如果忽略了对方的这些特征，是不会有好的效果的。

有一类人，受过良好的教育，有较高的学识修养，社会经历比较丰富，事业上取得了一定的成就，当然，年龄也不会太小，更为重要的是，他们还具有性格温和、举止文雅、自命清高这一显著特征。这一类人，就是大家通常说的儒雅的人。

和儒雅的人说话，首先要懂礼貌，不可莽撞。儒雅的人，在与人交往时，讲究礼节，也希望对方是懂礼貌、举止有节的人。如果你粗心莽撞，未曾开口说话，就已经让对方产生了抗拒心理，就算你接下来极力弥补，也很难有好的结果。

儒雅的人，说话喜欢咬文嚼字、引经据典，从而显示自己的学识渊博。和他们说话，也应投其所好，尽可能地展示自己的学识修养、文化品位。但是，如果仅为了投其所好，却不懂装懂、随口胡说，结果只会更加糟糕。

儒雅的人，性格温和，雍容大度，与其说话，表情不可太夸张，语速不宜太快，语气不可太过刚烈。即便双方的意见有分歧，也要温婉地表达自己的意见和看法，多用商量和相互探讨的语气，不宜直接驳斥对方的意见和观点，更不可任性发怒，以致一拍两散。

儒雅的人，有品位，讲原则，自命清高，和他们说话，自己就不能显得太过俗气，更不能给对方留下市侩的印象。即使谈话的内容不可避免地含有赤裸裸的利害关系，也要尽可能委婉地给它披上一件高雅的外套，从而消除对方本能的抗拒心态，使其乐于接受。

儒雅的解释

学识渊博

气度温文尔雅

两者互为因果 →

只有学识渊博的人，才能做到气度温文尔雅，而温文尔雅又是学识渊博的外在体现。

怎样和儒雅的人说话？

儒 雅 的 人

特征一	特征二	特征三	特征四
懂得礼貌 讲究礼节	引经据典 讲究品位	性格温和 雍容大度	自命清高 讲究原则
技巧一	技巧二	技巧三	技巧四
有礼有节 不可莽撞	投其所好 不可卖弄	温婉含蓄 不可偏激	以理服人 不可低俗

先生：小姐，你不觉得你的脚没踩平吗？

小姐：对不起，不小心踩到你的脚！

先生：没关系啦！我知道您不是故意的。

9 怎样和霸道的人说话？

和年龄、性别、学识修养无关，性格霸道的人最显著的特征就是无论说话或做事，完全凭自己的好恶，全然不受其他外在条件的束缚和制约。

性格霸道，并不是完全的蛮横不讲理。蛮横不讲理的人，自己孤陋寡闻、鼠目寸光，对事物没有自己的真知灼见，并且拒绝一切好的意见和建议。像这种人，社会上极少见，与之交往，很难有好的结果。与其费力不讨好，不交往也就罢了。这里所说的性格霸道的人，通常都有深邃的洞察力，喜欢独立思考，对事物有自己的独到理解和判断。并且，当这种理解和判断形成之后，就会根深蒂固，绝不会轻易改变。这种人，通常都比较自信，甚至到了自负的程度，他们都比较果断，甚至近乎武断。他们通常都有一定的社会地位，事业上也取得一定的成就，而且，社会地位越显赫、事业成就越大，自负和武断的倾向性也就越明显、越强烈。

性格霸道的人，日常生活中随处可见。他可能是你的老板，也可能是你即将拜访的客户，想要避开不交往，几乎不可能。不要因为他们的霸道而心生畏惧，其实，只要你对这类人的特征有准确的认识和把握，在与之交流的时候注意采取恰当的方式方法，就一定能够达到自己想要的理想效果。

策略一：以柔克刚。通常情况下，和性格霸道的人说话，要保持和谐、融洽的气氛。因其性格霸道，喜欢以自我为中心，只要你善于酝酿和保持好的说话氛围，让对方一直保持在比较愉悦的状态下，你的建议就能被接受，你的诉求就能被满足。当自己的观点和看法与对方相左，甚至是截然不同时，最好的办法是委婉含蓄一些，采取迂回包抄的策略，避开主题，使用比喻，让对方先认可自己的某些观点，然后步步诱导，直逼主题，让对方退无可退。

策略二：以暴制暴。性格霸道的人，表面看起来很刚强，很喜欢以自我为中心，视野受限制，即使有明显的弱点和不足，自己也很难察觉。只要你能抓住他的致命弱点，表现得比他更加刚强和霸道，在气势上震慑住对方，也能收到意想不到的效果。

怎样和霸道的人说话？

以柔克刚	酝酿和保持和谐、融洽的谈话气氛，使其在愉悦中接受自己的观点和主张。有意见分歧或对立时，委婉含蓄一些，采取迂回包抄的办法，让对方慢慢就范。	常规方法，屡试不爽
以暴制暴	抓住对方致命的弱点，表现得比对方还要刚强和霸道，在气势上震慑住对方，也能收到奇效。	非常办法，谨慎使用

唐雎不辱使命

唐雎，战国时期魏国著名策士。为人有胆有识，忠于使命，不畏强权，勇于为国献身。他曾经在魏国灭亡后出使秦国，冒死与秦王抗争，粉碎秦王吞并安陵（魏国属国）的阴谋。

战国后期，强大的秦国加快并吞天下的步伐。秦王对安陵君说："我想用方圆五百里的地方交换你的领地。如何？"安陵君的领地只有五十里，他知道秦王以迁移之名行灭国之实，所以没答应。

安陵君违背秦王心意，他担心秦王报复，于是派唐雎出使秦国。

秦王说："我拿五百里的地方换安陵君五十里的地方，他居然不给我面子。"
唐雎说："不是安陵君不给您面子。因为领地是祖先留下的，就算您给一千里地，也不能交换。"

秦王大怒，说："你知道惹恼天子的后果吗？天子一发怒，会有百万人丧命，血流成河。"唐雎说："您知道平民发怒会有什么后果吗？"
秦王说："大不了光着脚、用头撞地而已。"

唐雎说："有胆识的人发怒，只会躺下两个人，血流也不会超过五步，但全天下的人都会为之戴孝。看来今天是时候了。"随即拔剑站了起来。

秦王脸色大变，马上向唐雎道歉："先生请坐！我知道为什么韩国和魏国都灭亡了，安陵君却还能保有他的领地，都是因为有你在他身边的缘故啊！"

10 怎样和耿直的人说话？

性格耿直的人，最典型的特征，其一是耿介、正直，没有过多的心计和城府，不会故意设圈套害人；其二是坦诚、直爽，心里藏不住秘密，不会说假话和谎话坑人。

老实说，世间之人，形形色色，几乎每一个人都有自私的心理，都会在心里计算着自己的利益得失。想要知道别人心里究竟想的什么，是一件非常困难的事情。和性格耿直的人相处，不需要过多的猜度，就能明白对方的心思，省去了诸多麻烦和波折，感觉反而轻松。能和这样的人成为朋友，应该是一件很愉快、很幸福的事情。即使不能成为朋友，和耿直的人或搭档工作，或合作发展，也是一大幸事。

性格耿直的人很容易相处，说话做事，也不必太刻意计较。然而，每个人有其性格，每一类人有每一类人的个人喜好和价值标准，要是完全忽视对方的忌讳点，说话完全不讲究方法，同样很容易得罪人。

和性格耿直的人说话，应该注意哪些问题呢？

首先，耿直的人耿介、正直，也希望对方堂堂正正、光明磊落。和他们说话，要注意自己的形象，衣着要得体，举止要大方。否则，一旦给对方留下形象猥琐的印象，纵然你说得天花乱坠，也于事无补。

其次，耿直的人坦诚、直爽，也希望对方和自己以诚相待。为了体现自己的真诚，目光要专注，不可四处游移；说话的语气和表情动作要得体，不可太过夸张和做作；在对方说话的时候，要认真聆听，要是没有听清楚或听得不是很明白，最好及时询问。

再次，耿直的人容易被一些骗子欺骗，所以，他们最恨别人骗自己。和他们说话，内容一定要真实，决不能说假话和谎话，特别是说一些让人一下就能识破的假话和谎话。有的时候，还要隐藏自己的优点，适当暴露一下自己的弱点。因为面对耿直的人，隐藏自己的弱点而被对方发现的话，无论你是否有意所为，后果都会很严重。

最后，和耿直的人说话，语言要质朴，不可华而不实。因为在他们看来，最能解决问题的方式，并不是语言，而是行动，行动是一切实实在在的根本。不可轻易许诺，一旦许诺，就一定要及时兑现。

怎样和耿直的人说话？

怎样和耿直的人说话

特征	特征	特征	特征
自己耿介、正直，希望对方光明磊落。	自己坦诚、直爽，希望对方以诚相待。	容易被人骗，最恨别人欺骗自己。	并不特别看重语言，更看重行动和具体的事物。
技巧	技巧	技巧	技巧
衣着得体，举止大方	目光专注，语气和表情不可过于夸张，认真聆听。	内容真实，不说假话和谎话，绝不隐藏自己的缺点和不足。	不可轻易许下承诺，一旦许诺，就一定要兑现。

性格过于耿直，说话容易得罪人

危害 → 性格过于耿直，说话、做事就容易略显轻狂，这样的性格在现今社会中不是很好，最好能改就改。

改正方法 → 平时说话、做事、做人，都应该以谦虚为本，要经常换位思考，站在别人的角度去思考。抱着协商的心态去探讨问题，可能更容易解决争端。

结果 → 已经做错的事，如果想弥补，还是可以通过以后的实际行动让周围的人接受你。人是靠实践累积经验，用行动证明一切。

小李，你今天的裙子和衣服颜色不太搭吧！

丽莎，你今天怎么盘这么老气的发型啊？

Chapter 3

看“对象”，句句道进心坎里

11 怎样和桀骜不驯的人说话？

“桀骜不驯”的意思：“桀”就是夏桀，夏朝的最后一位君王，自幼聪颖过人，长大后文武双全，后因荒淫、暴虐，被商汤推翻；“骜”是没有驯服的马。“桀骜不驯”，就是凶悍倔强、傲慢无礼的意思。

桀骜不驯的人最为明显的特征，就是自视甚高，有一点过人之处，就觉得自己已经天下第一，目中无人。与这样的人相处，稍有处置不当，就会处处受他的牵制，难以掌握主动权。特别是当你作为一个公司老板或部门主管，下面有这样的员工或下属时，感觉就会特别棘手。

作为老板，你自然有权力将不合己意的员工开除，但这样做的结果，除了显示自己的无能之外，又有什么实际的好处呢？要知道，桀骜不驯的人，大多又是年轻气盛的人，他们有自己的长处，只是难以管理而已。假如你能将其驯服，使其听从你的管理，又何乐而不为呢？

中国有句俗话：“马服缰绳，女服嫁。”意思是，再烈性的野马，只要被缰绳拴住，就会慢慢驯服；再刚烈的女子，只要嫁得如意郎君，也会变贤惠。同样的道理，再桀骜不驯的员工或下属，只要老板或上司善于驯服，他们就一定能够为你所用，成为你不可多得的帮手。

应该怎样和桀骜不驯的人说话呢？

首先，要找对说话的时机，直击其软肋。桀骜不驯的人，都很有自信，甚至到自傲的地步，通常情况下，他们谁都不服，要是不分时间场合，只是喋喋不休地数落对方，无疑是隔靴搔痒，不仅发挥不到任何作用，还会激化双方的矛盾。但是，桀骜不驯的人，他们的自信是建立在年轻气盛的基础上。因为年轻气盛，他们的缺点和不足同样很明显。想要驯服他们，就要在他们的缺点和不足暴露无遗的时候，抓住机会，争取一次奏效。

其次，要双管齐下，恩威并重。桀骜不驯的人，除了盲目自信，还很重视自尊。抓住他们的缺点和不足，目的在于使他们认识最真实的自己，把他们从盲目自信中解救出来。指出他们的缺点和不足，但不能伤害他们的自尊。要恰如其分地评价他们，特别是要充分肯定他们的优点和长处，激发他们展示自己优点和长处的愿望和动机。

怎样和桀骜不驯的人说话？

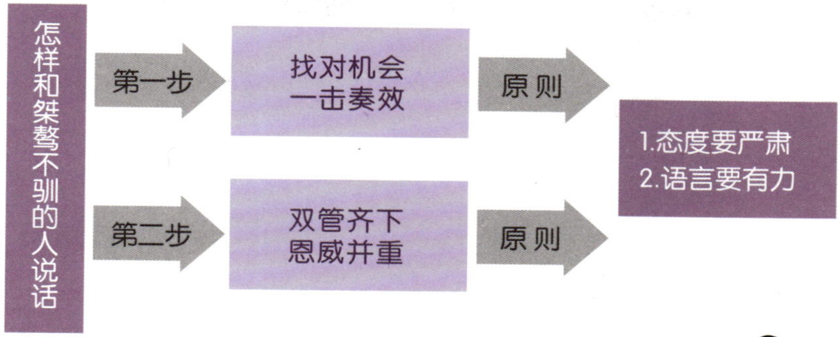

李斯巧谏秦始皇

李斯，秦朝著名的政治家、文学家和书法家，协助秦始皇统一天下。后为秦朝丞相，参与制定法律，统一车轨、文字、度量衡制度。

秦始皇准备实施一统六国的计划时，韩国怕被秦国灭掉，派水工郑国到秦鼓动修建水渠，目的是想削弱秦国的人力和物力。后来，郑国修渠的目的被暴露。这时，秦王对各国派来的客卿下了逐客令，李斯也在被逐之列。

李斯写了一封信给秦王，劝秦王不要逐客，借先秦国君任用客卿，客卿对秦国做出的巨大贡献，全面分析客卿的作用，他还说，秦王的好马、珍珠、宝玉也都不产于秦国。如果只是秦国有的东西才要的话，那么许多好东西就无法出现在眼前。

李斯还在信中反问：“为什么美女、珠宝可用却要驱逐客卿，看起来大王只是看重金钱和美色，而对人才却不能重用，其结果是加强了各国的力量，却不利于秦国的统一大业。”

李斯的这封上书，情词恳切，而且确实反映秦国历史和现状的实际情况，代表当时有识之士的见解。秦王明辨是非，果断地采纳李斯的建议，立即取消逐客令，李斯仍然受到重用。

12 怎样和少言寡语的人说话？

想保持良好的人脉，就要广泛地和他人交流沟通，要针对不同的人，采取不同的说话方式和技巧。只有这样，才能得到大家的帮助和支援，才能保证事业的顺利发展。

必须清楚地知道，平常看上去少言寡语的人，并不是不会说话，而是说的话比一般人要少很多。他们并不是不愿意与人交流和沟通，而是他们有自己喜欢的交流和沟通方式而已。

看上去少言寡语的人，大多性格内向，他们不喜欢当着众人的面侃侃而谈，却喜欢自己一个人认真地思考；他们不喜欢自己说，却善于聆听别人的说话；他们多少有一些自卑心理，但表现出来的，常常是给人自傲的感觉。这种看似属于交际场合边缘人物的人，常常会被人忽视。其实，他们的身上，也有其他类型的人难以企及的优点和长处，比如说他们会更喜欢做具体的事情，而且心思细密、举止稳重，只要你善待他们，言语得当，他们就会竭尽全力报答，是完全值得托付重任的人。

和少言寡语的人说话，应该注意哪些事项呢？

首先，宜精不宜多。他们自己不喜欢侃侃而谈，对信口开河的人，也会自然而然采取排斥和抗拒的态度。要是你老是在他耳边嘤嘤嗡嗡地说个不停，却没有实实在在的内容，会导致其发自内心的反感。因此，对他们说话，必须说的才说，可不说的不说，不该说的坚决不说。

其次，态度要诚恳。他们心思细密，敏感性很强，如果你说话的时候漫不经心，无论你说得再好，他们都会以为你在戏弄他们，甚至会认为你在侮辱他们。结果，当然是适得其反。

再次，这类人平常很少说话，但他们也有倾诉和表达的愿望需求。所以，想要打动他们的内心，争取他们的帮助和支持，就应该给他们说话的机会。即使他们不主动说，也要激励他们大胆说出自己的真实想法，并认真听取他们的意见和建议。

特别是对于少言寡语的学生或公司里的下属，作为老师或上司，要更细心观察其行为，对他们好的行为、做法，及时给予鼓励和赞赏。

怎样和少言寡语的人说话？

首先 → 宜精不宜多 → 其次 → 态度一定要诚恳 → 再次 → 激励他们说出自己的观点 → 最后 → 观察他们的行为，给予赞赏

恰到好处的恭维能拉近相互之间的距离

如果你想拉近自己和某位有名望或地位人士的距离，适当的赞美必不可少。但是，你也需要特别小心，对方之所以能成为名人，一定是在某个方面有特别杰出的表现，恭维他的人也很多，如果你的恭维不能做到别出心裁，可能无法给对方留下印象，更不可能使双方“相谈甚欢”。

在遇到这种人时，最好挑工作以外的事情去赞美。例如，如果对方爱好写书法，可以赞美对方写得一手好字；如果对方平时喜欢写作，可以夸对方的文学涵养高等等。这样的夸奖一定会令对方心花怒放，自然就会和你继续交谈下去。

俊安：你的皮肤真好，白里透红！

Anna：是吗？

俊安：难道你不相信专业皮肤科医生的见解吗？

Anna：原来你是皮肤科医生啊！正好想请问一下，我需要做镭射美白吗？

俊安：你的皮肤已经够好了，好好保养就ok！

Anna：是吗？我还有问题想请教你，坐下来谈吧！

两人坐在沙发闲聊起来……

13 怎样和喋喋不休的人说话？

非常明显，成天喋喋不休、说个不停的人，和少言寡语的人是截然不同的两种类型。这一类人的显著特征，就是嘴巴永远也闭不紧，说的是什么内容，对他们来说并不重要，也许他们自己也不记得，或者刚刚说过，马上就忘得一干二净。

因为他们说的话，大多是听众听了很多次的旧新闻，或者是无伤大雅、也无关紧要的谣言闲语，你完全没必要在意他们说话的内容。况且，他们说话的主要目的，就是不让自己的嘴皮闲着，至于有多少人认真听，他们并不在意。所以，遇到这种情况，能避开的就尽量避开，不能避开的，就听之任之，权当什么也没有听见。只要你不给予积极的回应，等他讲累了，感觉索然无味，大概就会停下来。

当你遭遇喋喋不休的人，却又不能不给予一定回应时，最好的办法，就是分散和转移他们的注意力，迫使他们自觉停下来。

比如，在父母的眼里，孩子永远都是长不大的，特别是母亲，总是喜欢在孩子面前喋喋不休：孩提时代，唠叨孩子的课业；长大了，唠叨恋爱婚姻、工作和事业，甚至到了事业有成、娶妻生子之后，还是一见面就唠叨不停。对于这种情况，子女要体会父母的一片关心，既不能避开，更不能表示厌烦，最好的办法就是自己找一个新鲜的话题，转移他们的注意力。例如，说要带父母去哪儿旅游，未必就是真的去，但只要他们感兴趣，就皆大欢喜了。

又如，有一个喋喋不休的同事，和她整天待在一个办公室，抬头不见低头见，既不想听她喋喋不休，又不想把彼此的关系闹僵，最好是找一个新的话题，转移她和大家的注意力。例如她先前说的是饮食，你就说化妆；她说的是化妆，你就说服饰；她说的是服饰，你就说新闻。

再如，你是一个公司的老板或一个部门的主管，召开会议时，你在上面讲话，下面有一个下属总是小声地喋喋不休。此时，你即便疾言厉色地明令禁止，也是未尝不可的事情，但出于自己的风度，要是能够停下自己的讲话，让对方感觉不好意思说下去，岂不更好？或者你借口说喉咙不舒服，让这个喋喋不休的人帮你宣读建议事项，岂不是一举两得？

怎样和喋喋不休的人说话？

喋喋不休的人 → 具体特征 → 嘴里不停地说，至于说什么可能连他们自己也不知道。 → 应对办法 → 转移他们的注意力，让他们自己停下来。

谁讲话多谁请客

公司部门开会，主管在台上讲得头头是道，下面也有一位下属小声地喋喋不休，主管突然停下来。

之后，喋喋不休的下属感觉到那份不寻常的安静，也停了下来。主管这才说："现在宣布公司的一项新规定：今后开会，台下谁讲的话最多，散会后就请大家吃饭！"从那以后，主管开会时再也没人在下面说话了。

要想婚姻幸福，切莫喋喋不休

美国的前总统林肯，永远生活在妻子喋喋不休的抱怨中。她抱怨老公的动作一点也不斯文，她不爱看他两只大耳朵，还有他的头成直角等，甚至指责老公的鼻子也不挺直，又比画他嘴唇如何难看……

一天，林肯夫妇正在餐厅吃饭，林肯不知怎么激怒了妻子，她端起一杯热咖啡，朝老公的脸上泼去。林肯不说一句话，就忍着气坐在那里，这时，邻居欧莉夫人走过来，递给林肯一块毛巾。

欧莉夫人的行为激起了林肯夫人的嫉妒，她更加凶狠、激烈地指责自己的老公。林肯夫人喋喋不休的叨念，过于激动的言行最终导致她婚姻生活的失败，她自己最后也精神失常。

14 怎样和傲慢无礼的人说话？

为人处世，需要保持谦虚谨慎、戒骄戒躁的优良作风，应该保持温和有礼、朴实宽厚的高贵品格，这样才能使自己赢得更多人的尊重和爱戴。当你遇到一个傲慢无礼的人时，你越是谦虚有礼，对方的傲慢无礼会变得越加厉害。在此情况下，双方在彼此心目中的地位完全失衡，即使你费尽移山心力，也很难和对方很好地交流和沟通。

美国反映南北战争的浪漫主义小说《飘》的问世，引起社会的极大反响，为此，相关的权威机构召开了关于这部伟大作品的研讨会，应邀出席这个研讨会的都是当时在世界文坛有一定影响的作家和评论家。研讨会尚未开始前，有一位男作家遇见玛格丽特·米切尔，两人便交谈起来。男作家问米切尔写过多少作品，米切尔说：“不好意思，只有一部。”听说对方居然只写过一部作品，男作家的眼里明显流露出不屑的神情，随即大谈自己写了很多作品，傲慢之情溢于言表。在一番高谈阔论之后，这位男作家随口问道：“请问你写的作品叫什么呢？” 玛格丽特·米切尔说：“《飘》。”那位男作家立即羞愧地低下头。

这位男作家也许不是那种眼高于顶、傲慢无礼的人，但是这个故事同样告诉我们，和傲慢无礼的人说话，“以己之长，攻彼之短”不失为一种行之有效的好办法。男作家作品很多，这是他的长处和赖以骄傲的资本，但是他作品的影响力和知名度都不如米切尔的《飘》，这是他的致命短处。米切尔的回答也许不是有意让他难堪，但能使其态度由傲慢无礼变得肃然起敬，显然是一个令人称快的结局。

现实生活中，傲慢无礼的人并非全都是自我膨胀的无能之辈，大多都有引以为傲的资本。但人无完人，尤其是傲慢无礼的人，绝对有他们致命的短处和不足。只要你能敏锐地捕捉到对方的致命弱点，以己之长攻彼之短，对方的傲气就会瞬间化解。

和傲慢无礼的人说话，还有一种行之有效的策略，就是“借力使力”。利用对方因傲慢无礼留下的漏洞，施以巧妙还击。

总之，和傲慢无礼的人说话，首先要消磨掉对方的傲气。只有使双方处于平等的主体地位，交流和沟通才能取得理想的结果。

怎样和傲慢无礼的人说话？

前提和原则 → 打消对方的傲慢之气，使双方处于对等的交流主题的地位。

- 方法一 → 以己之长攻彼之短
- 方法二 → 借力使力

歌德的巧妙应对

歌德，18世纪中叶到19世纪初，德国和欧洲最重要的剧作家、诗人、思想家。歌德除了诗歌、戏剧、小说之外，在文艺理论、哲学、历史学、造型设计等方面，都取得卓越的成就。其代表作包括《致月词》、《普罗米修斯》、《少年维特的烦恼》、《哀格蒙特》、《在陶里斯的伊菲格尼亚》。

歌德是德国最伟大的诗人，魏玛时期，歌德身居高位，有一位傲慢的贵族对此极为不满，常常想要找歌德的难堪。一天，两人在湖边小路相遇，道路很窄，只能容纳一个人通过。

这位贵族说：“我从来不给卑鄙无耻的小人让路。”说完，矗立在道路中央。
歌德说：“我刚好和你相反。”说完，立即让到路边上。

15 怎样和性格急躁的人说话？

性格急躁的人，最显著的心理特征，就是注意力很难长时间集中在一个人或一件事情上；最明显的行为特征，就是说话做事来去如风，绝不作过多的停顿和滞留。

性格急躁的人，更看重自己的行为及其行为的结果，他们宁肯多做事少说话，即便非说不可，也是简单明了地交代几句了事。在他们自己的心里，别人是否听清楚自己说话似乎并不重要，只要他自己觉得已经说清楚就行了。如此看来，想要性格急躁的人耐着性子听自己说话，似乎是一件很困难的事情。

通常情况下，性格急躁的人，注意力难以长时间地集中，容易分散和转移，但是，只要你给予的刺激物有足够的吸引力，就能彻底改变局面，确保性格急躁的人精神专注。所以，和性格急躁的人说话，事先要有足够充分的准备。要认真分析对方的性格特征和爱好倾向，精心组织自己要说的语言，巧妙设计自己的说话方式和内容，力求迅速吸引对方的注意力，并让对方欲罢不能。

和他们说话时，最好把自己的理想目标进行合理的分解，按阶段去执行和实现。一旦发现对方的注意力已经分散和转移，再多说已经纯属徒劳，就最好适时打住，再约下次见面和商谈的时间、地点。

和性格急躁的人说话，在特殊情况下，也可以采取“以柔克刚”的策略。比如，当保险推销员找到一个潜在的大客户，但对方是一个性格急躁的人，这种情况下，一次或几次拜访都未必能够成功，放弃却又可惜。可行的办法，就是在不影响双方正常工作和生活的情况下，只要有机会，只要有时间，就出现在对方面前，向对方推荐自己的服务项目。想必在持之以恒后，总会迎来成功的时刻。

和性格急躁的人说话，在有充分把握的准备后，也可以采取“以暴制暴”的策略。比如你的计划或建议对对方真的很重要，对方也能充分认识到这点，但是由于事务繁多、性格急躁，不能好好地听你的解说。这个时候，假如你表现得比他还要急，说不定就能打动对方，让其有耐心听你解说。

怎样和性格急躁的人说话？

第一	事先做充分的准备，力求观点新颖、方法独特，给对方足够的刺激。	常规手段，可以反复使用。
第二	把理想目标分解，分阶段执行和完成。	
第三	“以柔克刚”，持之以恒地进行。	非常规手段，需要选择使用。
第四	“以暴制暴”，表现得比对方还要急，以激动的情绪激发对方的兴趣。	

不要着急表明你的来意

范勃是电气公司的职员，但他发现一个奇怪的现象，宾夕法尼亚州的农户不怎么喜欢用电。他的同事也告诉他：“这些农户非常精明，根本不愿意用电。”

于是，范勃决定亲自上门调查。他敲开了农户的门，一个老太太伸头看了看，发现范勃穿着电气公司的制服，立即“砰”的一声把门关上。
范勃再次敲开了门，然后对老太太说：“您好！我不是来向您推销的，我是来买鸡蛋的。”

听了这句话，急躁的老人变得温和，她和范勃聊起了如何养鸡。范勃说：“我看您的养鸡技术一定非常高超。”

她对范勃说了一大堆养鸡的经验，然后说：“我发现几个邻居的鸡棚里都装上了电灯，听说在电灯的照耀下，产蛋量更多，但我担心成本过高，你能帮我计算一下吗？”
范勃认真地帮老太太算了一笔账，得出的结果是，电灯可以让老太太赚得更多。

16 怎样和情绪低落的人说话？

“人有悲欢离合，月有阴晴圆缺”，每一个人，无论情感，还是事业，都不可能没有起伏和波折。在事业稳步上升、家人幸福安康、夫妻恩爱有加的时候，每个人的内心都会被幸福和愉悦包围。此时的人们，看什么都觉得特别顺眼，做什么都觉得特别有劲，吃什么都觉得特别美味，整个人的情绪处于高度亢奋的状态。相同的道理，当一个人事业受挫、家人生病、夫妻闹别扭时，就会看什么都不顺眼，做什么都提不起精神，吃什么都觉得没胃口，情绪极度低落，成天摆出一张苦瓜脸。

突然的打击，会严重影响一个人的情绪。情绪低落的人，在待人接物、说话做事方面，都会异于往常，甚至会一反常态，变得和往常判若两人。情绪调整，说起来是每个人自己的事情，但一个人情绪低落的时候，也是内心感觉特别孤独的时候，特别需要来自外界的温暖和帮助。倘若你此时伸出援手，即便不能给予太多的援助，只要你做了，哪怕是几句安慰和鼓励的话，也会让对方铭感于心。

比如你公司里的上司，因为工作上的小失误，被公司老板借题发挥，狠狠修理一顿，甚至还说了一些不该说的话，这位上司的心里，肯定不会好受。尤其是工作上的失误，责任并非全在他一个人身上时，他的情绪状态，更是可想而知。此时，作为同事和下属，要是一副事不关己、高高挂起的漠然态度，显然是不合时宜的。无论之前你们的个人交情如何，都要给予对方适当的安慰和鼓励。当然，尽管只是在口头说几句安慰和鼓励的话，也需要讲究方法和技巧。总而言之，态度要诚恳，语言要恰当，千万不能让对方产生你在幸灾乐祸、落井下石的误会。

除了上司，身边的人随时都可能出现情绪变化，都需要我们适时给予应有的安慰和鼓励。因为每个人的个人特点不同，身处的环境不同，造成情绪低落的原因也不尽相同。给予他们安慰和鼓励，首先要弄清事情的真相，知道对方情绪低落的原因；其次，要从双方过去的交往出发，给予对方最需要的，也是自己力所能及的安慰和帮助；最后，要分析对方一贯的脾气和性格特点，采取最好的、对方最乐于接受的方式安慰和帮助对方。

怎样和情绪低落的人说话？

第一 → 弄清事情的真相，知道造成对方情绪低落的真正原因。

第二 → 根据之前的经验，给予对方最需要，也是自己能够给予的安慰以及帮助。

第三 → 根据对方的脾气和性格特点等，采取最好的、对方乐于接受的方式。

原则和禁忌　原则和禁忌　原则和禁忌

态度一定要诚恳，言语一定要得当，千万不能使对方产生幸灾乐祸、落井下石的误会。

不能这样安慰人

阿德情绪低落地对好朋友阿明说：“我老婆得了绝症，医生告诉我，她只能再活半年。”

阿明安慰阿德说：“你们要坚强，半年很快就会过去。”

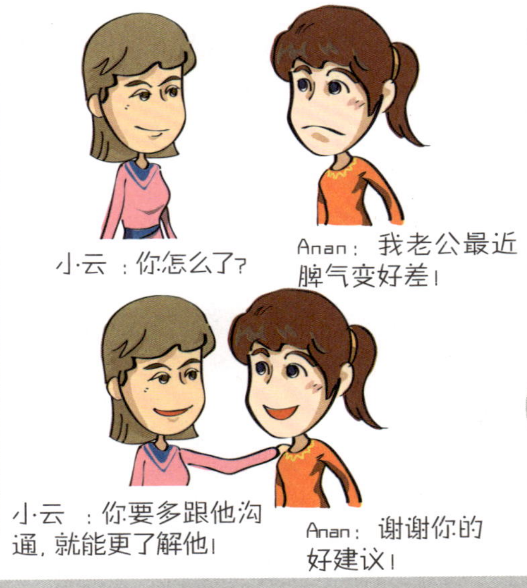

17 怎样和竞争对手说话？

竞争无处不在，竞争对手的性质和特点也各不相同。有的竞争对手和自己的目标完全对立，比如两个人竞选总统，必然会有一人胜出，而另一人会落选；再如两个人竞争部门主管，最终只能有一个人能够如愿，另一个人只能以失败告终；还有商业活动中的竞标，参与竞标的竞争对手，或许不止两个，但最终夺标的，只能有一个。类似的情况，竞争对手之间，没有妥协和回旋的余地。

有的竞争对手之间，虽然目标完全对立，但尚有调和和周旋的余地。比如两个商业品牌争夺市场份额，虽然最终会有一个称为赢家，但另一个也不至于全军覆没；再如谈判桌上，双方都争取自己的最大利益，一旦谈判达成协议，双方都会获益，一旦谈判不成，双方都会受损。

竞争对手，有的是显性的，有的则是隐性的。显性的竞争对手，从一开始就是处于针锋相对的态势，比如两大政党之间的总统候选人，只要其候选人的资格被确认，两个人就会一直竞争下去。隐性的竞争对手，是在特定情境下诞生的，也会随着特定情境的消失而改变两人之间的关系。比如同一个部门里的两个同事，原来可能是关系亲密的朋友，在公司或部门要在其中提拔一人做部门主管之后，两人就自然而然地成为了竞争对手。当竞争有了结果之后，两人就不再是对手。

无论是面对具体的竞争对手，还是面对代表利益集团的竞争对手，我们在说话沟通的过程中，都应该注意下面问题：

首先，要重视竞争对手。在正面交锋之前，对竞争对手的具体情况作全面深入的了解和分析。明确自己和竞争对手之间的强弱、优劣对比，唯有如此，才能扬长避短，使自己立于不败之地。

其次，要尊重竞争对手。对于一个真正的强者来说，棋逢对手应该是人生的一大乐事。而战胜强大的竞争对手，更是超越自我的必经之路。尊重竞争对手，使双方在公平的对决中释放自己的全部能量，最终的收获，将不仅是胜负能够代表的价值。

最后，要灵活机动。要根据现实环境的变化随时调整自己的策略，使自己能够从容应对瞬息万变的竞争态势。

怎样和对手说话？

原则一　知己知彼。知道自己的目标是什么？对手的目标是什么？自己应该采取什么手段实现目标？对手可能会采取什么手段来实现目标？

原则二　区别对待。对对手的性质和特征进行深入细致的分析，再根据准确的分析判断，采取施行有效的方式和技巧。

原则三　“双赢”。有效避免两败俱伤。

应付竞争对手的手段

首先　重视竞争对手。先要对竞争对手作全面的认识和分析，明确了解双方的强弱、优劣对比，从而扬长避短。

其次　尊重竞争对手。使双方在公平的对决中释放自己的全部能量，体会棋逢对手的人生乐趣。

最后　灵活机动。根据现实环境的不断变化，随时调整自己的策略。

18 怎样和谈判对手说话？

竞争无处不在，对手无处不在，谈判也是无所不在。这就是当今社会的显著特征之一。说到谈判，人们很容易联想到大国之间的利益谈判，联想到大公司之间的商业谈判。其实每一个人，在与别人说话的时候，只要有方向和观念的分歧，只要牵涉到具体利益的归宿，就是谈判。从这个意义上来讲，家人或商店中的店员，都是自己的谈判对手。

和谈判对手说话，最重要的，是要弄清楚谈判的性质。比如在家里，晚餐是吃鸡还是吃鱼，虽然夫妻之间会有不同的主张，但终究容易达成共识，即便自己妥协，也不会有多大的损失。又如到菜市场买菜，尽管会为了几块钱和卖菜的小贩讨价还价，但其分歧和对立的程度都非常轻微，达成一致的可能性极大。这两种情况，因为涉及的谈判标的较小，达到谈判目的的手段也很简单。本节讨论的重点，是在正式的谈判桌上，谈判标的较大，需要使用复杂谈判技巧才能达到目的的谈判。大多侧重商业谈判。

在明确谈判性质之后，接着要先明白，是自己代表的谈判主体的利益。无论自己的社会身份是老板，还是员工，在谈判桌上，你所代表的，就不再是个人，而是公司和企业。你所要做的，就不仅是展示自己的个性和才能，而是要在可能的情况下，争取主体利益的最大化。

谈判对手同样代表着特定的谈判主体利益，他也会为了实现利益最大化而全力以赴。因为自己的主体利益和对手的主体利益相对和相反，为了顺利达成愿望，还需要对对手进行深入的分析和研究，尽可能多地掌握相关信息，以便制定针对性的谈判策略。

到了谈判桌上，和谈判对手说话，首先，要立场坚定，态度坚决，给对手适当的压力；其次，要尊重对手，态度诚恳，给对手回旋的余地；再次，要有韧力和耐心，坚持方向不变的前提下商量具体的细节。因为谈判的最高境界是实现双赢，适当的、有计划、有步骤的妥协和让步，也是不容忽视的技巧。

怎样和谈判对手说话？

谈判之前

- 了解谈判性质，明确自己的职责是争取主体利益的最大化。
- 深入分析和研究对手，最大限度掌握相关信息，制定策略。

谈判桌上

- 立场坚定，态度坚决，给对手施加一定压力。
- 尊重对手，态度诚恳，给对手一定的回旋余地。
- 韧力和耐心。在坚持原则不变的情况下，有计划、有步骤地妥协和让步。

→ 能够实现主体利益最大化的同时，达到双赢的目的。

一句话也没说的谈判

一家很大的汽车公司，准备订购汽车座椅的坐垫布，这是一笔大买卖，很多坐垫布厂商都希望能拿下这单生意。经过一番竞争，最后公司决定让其中三家厂商各派一名代表来商谈。

吉勃是代表之一，然而到了约定商谈的那一天，他偏偏患了严重的喉炎，完全无法开口说话，这可把吉勃急坏了。

吉勃怀着焦急的心情来到汽车公司，他和公司的总经理、工程师、采购经理和推销主任都见了面。然而他想说的话根本没人听懂，情急之下，吉勃只得用笔在纸上写下了一句话：“先生们，非常抱歉，我的嗓子哑了，不能说话。”

这时，总经理说：“好吧，那我替你说说看。”吉勃感到非常诧异，但也只能无奈地点了点头。

接着，总经理把坐垫布的样品展开，然后口若悬河地说了起来：“这些坐垫布做工都不错！要知道我比较其他两家厂商的产品，最后发现还是这个能令我满意。你们觉得呢？”

在场的人开始讨论，最后决定订购吉勃公司的坐垫，价值一百六十万美元。最神奇的是在商谈过程中，他竟然连一句话都没有说。

19 怎样和坦诚的谈判对手说话？

谈判的结果和目标可以预先设定，谈判的过程却可能波澜起伏、一波三折。造成这种局面的主要原因，在于谈判对手的攻防莫测、口才技巧。每一次谈判，双方所代表的利益主体确定，利益最大化的方向可以推知，但是，由于出面谈判的人不一样，实现其利益目标的方式和方法就会截然不同。因此，面对不同的性格特点、不同的思维习惯、不同的行为作风的谈判对手，应该有不同的谈判策略和技巧。

坦诚的谈判对手，做事讲究效率，不喜欢把时间浪费在无谓的纠缠上面。他们出面谈判，对谈判成功怀有比较强烈的渴望，会以绝对的坦诚对待自己的谈判对手，从一开始，他们就会把自己对谈判的期望目标和相关细节和盘托出。

面对这样的对手，自己也应该有比较诚恳的态度，在把握住大局的前提下，不必对无关紧要的细节斤斤计较；在设定目标得以满足的情况下，要见好就收，切不可得寸进尺。虽然可以利用对方急于达成协议的心理，为自己代表的利益主体争取到更大的利益，但假如超出了对方的心理底线，或者让对方怀疑你的诚意，谈判就会迅速破裂，你不但会因此失去眼看已经到手的利益，还会失去一个可以长期合作发展的好伙伴。孰重孰轻，不言自明。

面对一个坦诚的谈判对手，自己不仅要表现出足够的坦诚，而且要让对方感觉并接受自己的坦诚。将对方提出的具体细节和自己预先设定的细节进行逐一比较，对目标一致的部分要及时给予肯定，对存在分歧的部分，要积极主动地谋求解决的办法，必要的话，可以做出一定的让步和牺牲。要以长远的、发展的眼光看问题，不能因为犹豫不决、拖泥带水，而和一个好的合作伙伴失之交臂。

即使对方提出的总体要求和自己的设定目标难以达成一致，也要给予对方由衷的赞赏。因为总体合作可能难以实现，还可以谋求局部的合作，即便这次不能如愿，谁能保证今后没有合作的可能呢？总之，只要自己表现出足够的诚意，就不会错失机会，一定能在对方的心里留下深刻的印象。

怎样和坦诚的谈判对手说话?

对方特点

1.做事讲究效率。
2.对谈判成功怀有强烈的渴望。
3.把自己的总体要求和细节和盘托出。
4.一旦谈判不成，会迅速终止谈判。

应对办法

1.尊重对方，坦诚相待。
2.赞赏对方，对其提议作出积极回应。
3.总体无异议的情况下，小节上可作适当让步和牺牲。总体合作不成，谋求局部合作。

以诚相待，谋求长期的合作和发展

谈判也要看对象

一个猎人举枪对着一头熊，熊惊慌失措，说：“我们之间谈谈好吗？”
猎人说：“有什么好谈的？”

熊说：“你需要什么，可以尽管开口。”
猎人说：“我要皮大衣。”

熊说：“这件事很容易。你过来，我们坐下慢慢谈。”
猎人听了熊的话，放下枪，走了过去。

过了一会儿，熊拍拍自己吃饱的肚子，说：“这不是很好吗？我吃饱了，你也有了皮大衣。”

20 怎样和骄横的谈判对手说话？

行为作风骄横的人作为谈判桌上的对手，最典型的特点，是首先把自己放置于强势的地位，喜欢以命令的语气、方式和对方说话，喜欢一开始就在气势上震慑住对方。

作风骄横的谈判对手，喜欢一上来就把自己想要达到的目标抛给对方，不管别人是否愿意和接受，也会一厢情愿地强迫对方接受。要是对方表示不能接受，他们就会暴跳如雷，甚至大发雷霆。

如前所说，绝大多数人都喜欢坦诚的对手，没人会希望自己的谈判对手是作风骄横的人。但是，生活中的许多事情，不是自己想要就一定能够得到、自己抗拒就不会出现的。特别是在谈判桌上，代表对方主体利益的人，更不可能因为自己的喜好而出现和消失。其实，作风骄横的人也是人，表面看起来很可怕、很难应付，但实际上，他们身上也有致命的弱点和缺陷，更何况谈判的初衷和实质是互惠互利的，只要你认清这类人的本相，抓住他们的弱点进攻，同样能够取得满意的效果。

首先，面对作风骄横的谈判对手，一定要保持镇定，不可被他表面的气势吓住，更不能因此答应他的无理要求。要是你先示弱，他们的气焰会更加嚣张。

其次，表示自己有合作的诚意，并且能够给予对方丰厚的回报。以实实在在的利益打动对方，迫使对方不至于采取激动的行为。在利益面前，谁都难免会动心。

在对方狂乱发作，提出无理要求，或者有不冷静的语言和行为时，既不要给他火上加油，也不要盲目答应他的要求，而是以柔克刚，在淡定、自然之中，冷眼旁观他的“滑稽表演”。等其表演完毕，情绪稍微稳定下来之后，再据理力争，或者逐一反驳其无理要求。

总之，作风骄横的人，表面看起来气势很盛，让人难以驾驭，实质上，他们外强中干。他们起始的强势表现，目的就是要你心生畏惧而乖乖就范。只要你不为假象迷惑，表现得冷静从容、韧力十足，就一定能够战胜纸老虎。

怎样和骄横的谈判对手说话?

对方特点

1.身高体壮，声调高，声音大。
2.一开始就表现得很强势，喜欢用命令的语气说话。
3.稍遇反抗，可能会有激动的语言和行为。
4.外强中干，是纸老虎。

应对策略

1.表示自己有合作的诚意，并以实际的利益打动对方。
2.保持镇定，既不示弱，也不火上加油。
3.等其情绪稍微稳定之后，再据理力争。
4.以柔克刚，韧力十足。

透过现象看本质，淡定从容克顽敌

机灵一点，问题就解决了

派克是税务局的顾问，有一天，因为一笔账目而和征税员发生争执。派克说：“这是一笔永远也无法收回来的呆账，所以不应该再征收别人的所得税。”
征税员却大声反驳道：“我才不管什么呆账，我认为必须要收税！”

派克不服输，征税员也很坚持，两人各执己见争吵了一个多小时。派克意识到，争辩无法说服这个傲慢、固执的征税员。于是，他平息了怒气，平静地说：“其实我非常崇拜你，从你的工作经验中我学到了不少东西。”

征税员听到这句话，大感意外地说：“其实……我也没有您说的那么好啦……”
征税员开始滔滔不绝地讲自己的工作遭遇，全然没有当初的傲慢和冷酷。之后，征税员说：“关于那笔账目的事，我回去考虑一下再答复您。”

三天后，征税员又找到派克，并告诉他好消息：这笔账目按照相关规定办理，不用再征税了。

21 怎样和胆小谨慎的谈判对手说话？

如果说骄横的谈判对手是一只气势逼人的大老虎，那么，胆小谨慎的谈判对手就是一只唯恐受惊的小花鹿。

胆小谨慎的人，从来没有逼人的气势，也永远不会把自己的意志强加在别人的头上。恰恰相反，他们的胆子特别小。也许是受家庭环境和成长经历的影响，有一些不愉快的往事深深地烙印在他们的心灵深处。无论在生活中，还是在工作上，他们都会有很强烈的不安感，时刻警惕着周围的所有动静，竭尽全力地保护自己，避免遭受一切可能的伤害。

这一类人，看任何事物都会持怀疑的态度，不会轻易相信别人，尤其是初次交往的人，很难走进他们内心，取得他们信任。和这种类型的人谈判，取得他们的初步信任，是赢取成功的第一步，也是极为关键的一步。正是因为他们不会轻易相信人，在谈判一开始，就应该把自己的热情和诚意全面地展示在对方的眼前，要让他们对你放松戒备心。可行的办法是避重就轻，把谈判和工作暂时抛开，从关心对方个人入手，寻找双方都很感兴趣的话题，在轻松愉悦的交流沟通中缩短彼此的距离。在彼此之间建立起相互信任之后，再顺理成章地过渡到谈判和工作中。

就算有了初步的信任，因为胆小谨慎的人对外界的怀疑态度，也使得他们缺乏必要的判断力。对于谈判过程中涉及的核心问题，他们会迟迟拿不定主意。这个时候，强逼他们作出决定和选择是很不明智的。正确的做法是给他们更多的自由空间，让他们按照自己喜欢的方式进行思考和决断。甚至可以站在对方的角度，帮助他们分析，尽可能提供周到的参考意见，然后让他们作出自己想要的决定。

总而言之，胆小谨慎的人，对别人是缺乏攻击性的，在谈判过程中，不会无端提出非分的要求，也缺乏必要的判断力，所以，和这一类型的对手谈判，实际上已经不再是严格意义上的谈判。只要你能够从细微之处入手，取得对方的信任，只要你有足够的耐性，在不疾不徐的节奏氛围中，把自己的观点和想法灌输到对方的脑子里，并让对方接受和认可，谈判就一定会有一个圆满的结局。

怎样和胆小谨慎的谈判对手说话?

对方特点

1.胆小怕事，对别人缺乏攻击性。
2.对一切持怀疑态度，不会轻易相信人。
3.缺乏决断力。

应对策略

1.热情诚恳，缩短彼此的距离。
2.避重就轻，用巧妙的方式走进对方的内心，赢得对方的信任。
3.有足够的耐心，给对方更宽松、自由的空间。

不再是严格意义上的谈判，而是彼此双方的支持和帮助

争吵不是解决问题的好办法

海伦的工作是为广告商画画，她的客户中有一位非常挑剔的老板，即使细微的差错也会被他指出来，甚至会拒绝支付酬劳。

有一次，海伦替客户画了一幅画，客户发现有一点瑕疵，立刻打电话给海伦说：“你这是怎么回事？为什么总是犯一些低级的错误呢？”

海伦听到这话，心里非常生气，但是并没有和对方争吵，而是非常客气地说：“先生，我知道您会不高兴，这的确是我的失误，非常抱歉，我感到非常惭愧。”

听完海伦的道歉后，客户的语调变得平静许多：“是的，虽然是有一点点瑕疵，但是……”
海伦插嘴道：“都是因为我疏忽大意才会造成瑕疵，这幅画我会带回去，今天晚上再重新画一次。”

听了海伦的这番话，客户说：“其实我觉得你一直都很不错，这次也只是犯了一个小小的错误，我会自己修改就行了！”

结果，这位客户还邀请海伦一起吃午饭，他们要告别的时候，客户签了一张支票给海伦，并且委托她完成一个新的工作。

22 怎样和老谋深算的谈判对手说话？

老谋深算的谈判对手俨然是一只无比狡猾的狐狸。他们有非常渊博的学识，有非常丰富的经验，有非常深邃的目光；他们能够对自己所处的环境和面临的形势作出准确的判断，能够选择最有利于自己的行为方式和手段；他们善于伪装自己，善于掩藏自己的内心秘密；他们说话做事总是小心谨慎，绝不轻易冒险；他们常常表现得静如处子，而一旦采取行动，又动如脱兔，给对手致命打击，从而建立确保胜利的优势。

对于许多有一定经验，希望在谈判中获得成就的人来说，他们宁愿自己遇见的对手是像老虎一样骄横的人，也不希望遇见的对手是老谋深算的狐狸。因为像老虎一样骄横的人，表面看起来似乎很强大，却会在不经意间暴露自己致命的弱点，而像狐狸一样狡猾的人，表面看起来很平凡、很普通，但却很难战胜。

遇见老谋深算的谈判对手，只要你牢记谈判的实质不是巧取豪夺，不是坑蒙拐骗，只要你明白强者无畏的道理，敢于面对不同类型的谈判对手，并满怀信心去征服他们，就一定能够战胜所有貌似不可战胜的对手，从而造就自己的非凡成功。

首先，遇见老谋深算的谈判对手，要沉着冷静，绝不可自乱阵脚。对方有极为敏锐的洞察力，善于从对手的一言一行、一举一动，甚至是一个眼神之中捕捉到有利于自己的信息。如果你被对手所慑，乱了方寸，越是慌乱，暴露出来的弱点就会越多，对方就会紧紧抓住你的弱点步步紧逼。这样的话，主动权完全被对方把持而很难扭转。

其次，遇见老谋深算的谈判对手，最好不要贸然开口。就像是两个顶尖的武林高手对决，谁先出招，谁的弱点就会先暴露出来。说出的每一句话，都需要深思熟虑。这样做，既可过多避免自己的弱点，也可以利用相互对峙的局面，给对方施加一定的压力。

再次，要表明自己有合作的诚意，也能给对方足够的利益空间。谈判的目的就是争取主体利益的最大化，只要利益是客观存在、触手可及的，对方就会认真对待。

最后，要有足够的耐心。不到最后关头，绝不轻易让步。

几种不同类型的谈判对手

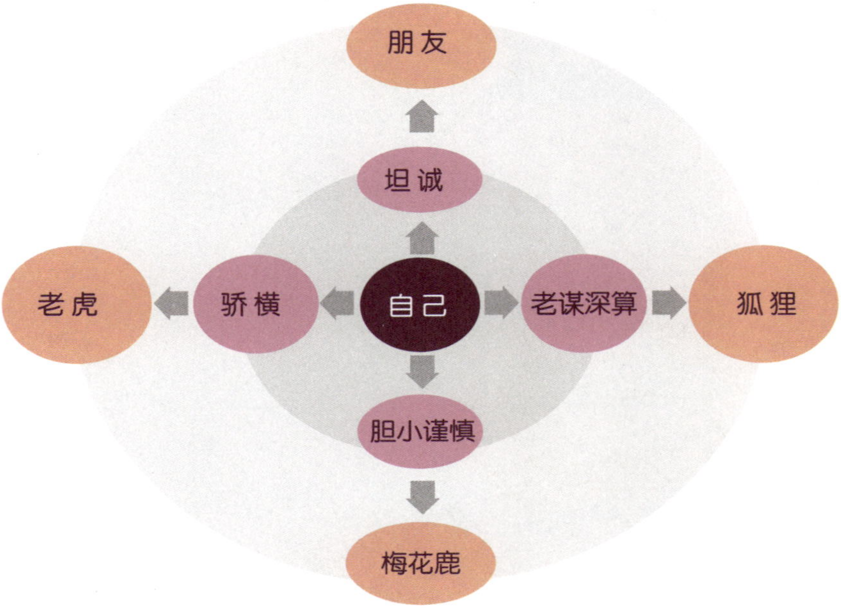

与老谋深算的对手谈判

渑池之会

公元前279年，秦王约赵王在渑池会面，蔺相如陪同赵王前往。席间，秦王说："听说赵王善于鼓瑟，请弹一曲助兴吧！"赵王不便推辞，只好弹了一曲。秦王马上让秦国的史官记下："某年某月某日，赵王为秦王鼓瑟。"

蔺相如上前对秦王说："听说秦王擅长击缶，请敲一曲为大家助兴吧！"秦王拒不答应。

蔺相如又前进几步说："我现在离你只有五步，要是你不答应，我就算失去性命，也要溅你一身血！"秦王不得不敲了几下缶。蔺相如立即叫赵国的史官记下："某年某月某日，秦王为赵王击缶。"

秦国众臣接着说："请赵国拿十五座城池为秦王祝寿！"蔺相如立即说："请秦国拿秦都咸阳为赵王祝福！"

渑池之会，因为蔺相如的机智勇敢，巧妙维护赵王和赵国的尊严，没让秦国占到丝毫的便宜。

第四章

看“场合”，随时随地不失言

关门就要闩，讲话就要看。

——台湾当地的俗谚

1 怎样区分说话的场合？

简单地讲，说话的场合，就是说话时自己所处的环境。

说话的目的，在于和别人沟通交流，是说话者与听众之间的双边互动。只要你说的话具有一定内涵，需要听者清楚明白，甚至需要听者做出一定回应时，就必须考虑环境因素。譬如：“你吃饭了吗？”是过去见面打招呼最常用的问候语，绝大多数情况下都没什么问题。但是，假如你和对方在厕所里面相遇，也用这句话和人打招呼，显然就不妥了。

每一次说话时所处的环境都是特定的，都会和你以前或之后说话时所处的环境不同。说话者需要根据特定的说话环境，选择最恰当的说话方式和技巧。

说话时所处的环境，也就是说话的场合，是由多种因素综合构成的，主要包括时间、地点、人物、主题等几个方面。这几个方面既有相对独立的特性，又相互紧密联系和作用，从而构成特定完整的说话场合。

时间，就是一天之中的具体时段。一天可以划分为24小时，还可以划分为早、中、晚等不同的时段。不同的时段，每个人的心情可能会不一样，说话面对的对象可能不一样，说话的主题也会不一样，需要注意的说话技巧和方式也应该不一样。

地点，就是说话时所处的地理位置和空间环境。在家里和在公司是不一样的；在办公室和在餐桌上是不一样的，在会议室和在旷野里是不一样的，在休闲娱乐场所和在谈判桌上是不一样的。凡此种种，都应该认真区别对待，才能收到最佳的说话效果。

人物，就是说话过程中，在场的和所有能够听见说话声音、明白说话意思的人。首先是说话者自己的身份和状态；其次是其他发言的人，他们的身份地位，已经讲过话的人讲过什么话，即将讲话的人可能会讲什么话；再次是听众，也就是说话对象，除了身份地位、学识修养、性格特征、相互关系之外，有时候，人数的多寡也是要考虑的因素。

主题，就是说话的性质，也可以简单地理解为自己讲话的具体内容、讲话需要达到的目的和愿望。

说话的场合

构成因素

- 时间：早上、中午、晚上等
- 地点：家里、公司、旷野等
- 人物：长辈、主管、晚辈
- 主题：目的、理想、愿望

既相对独立，又互相渗透和作用

作家的口才

通常情况下，作家都是擅长写作而不善言语，但也有不少作家不仅文采出众，口才还一流，不管在什么场合，他们都能谈吐自如，极善言辞。

金庸巧作比喻

多年前，一位记者采访金庸先生。记者问道："听说你曾将报业看作自己的儿女，但你现在将这部分产业卖了，岂不是将自己的儿女卖掉了吗？"

在这样的公开场合，怎样巧妙化解这个两难的问题，直接关系到外界对自己的评价，金庸先生如果仅仅用"是"或"不是"来回答都是不妥。

而金庸先生从容地回答说："不是卖儿女，而是女儿出嫁了，女儿出嫁是没有办法的事。"

黄永玉强势出击

80多岁的黄永玉还是一派天真状，穿着时尚，叼烟斗，开宝马。

这天，黄永玉坐在躺椅上，记者问他："回顾这么多年，你觉得最得意的事情是什么？"
黄永玉双眼一瞪，说："我有什么好得意的？！"

记者问："你是素食主义者吗？"
黄永玉答："因为菜比较便宜。"
记者："你的文学成就一流。"
黄永玉答："我是抄别人不注意的书。"

2 早上与人见面怎样说话？

正如俗语说的那样：“一年之计在于春，一日之计在于晨。”当新的一天开始，作为一个热爱生活、追求成功的人来说，无论自己处于什么境况，无论前一天发生过什么事情，都会以饱满的激情、昂扬的斗志、美好的憧憬去拥抱初升的太阳。

当你怀着这样的心情开始一天的新生活时，应该想到，其他人的心态和你也是相差不多。因此，早上和人说话，最重要的是不要破坏对方的良好心情。

早上出门，无论和家人告别，还是到公司和同事见面打招呼，都应该面带微笑，以良好的精神面貌感染人。话语不宜太多，以相互激励为目的。即使一句话也不说，一个肯定的眼神，一个彼此默契的动作，都能起到很好的作用。

早上的时间，对每一个人都很珍贵，早上的良好情绪和状态，对所有人都很重要。如果在早上和人接触交流，无论是自己的至亲，还是关系极好的朋友，抑或公司的同事，以及合作的厂商，甚至是素不相识的人，请千万不要触了别人的“霉头”。要说就说别人听了感觉舒服的话，说别人听了会振奋精神的话。否则，一旦破坏了别人的心境和情绪，别人一天情绪不好，你们的关系最终也不会有好的结果。

如果自己是公司老板或部门主管，早上开会，会议时间要尽量简短一些，讲话的内容应该精要、简明，语气要有鼓舞性，对前面大家工作中存在的问题和不足，能够不提的尽可能不提，如果非说不可，最好不要针对某个人，不要破坏每一个人的良好情绪。

如果自己是一位推销员，前去拜访客户的时候，衣着一定要大方得体，要满怀信心，把自己的情绪调整到最佳状态，用自己良好的形象感染客户，把自己良好的状态传递给客户。只要客户对你有信心，就会对你推销的产品和服务有信心，成功的可能性就会很大。要是客户拒绝，并非是他对你和你推销的产品、服务完全没兴趣，可能是对方的事情太多，忙不过来。此时，请不要过多纠缠，最好礼貌告辞，约好下次见面和商谈的时间。

早上与人见面怎样说话？

首先 → 情绪饱满，面带微笑 → 其次 → 内容简明，具有鼓动性 → 禁忌 → 破坏情绪，触别人霉头

起 床

星期天早上，妻子对老公说：“懒虫！快起床了，你看太阳都起床了。”

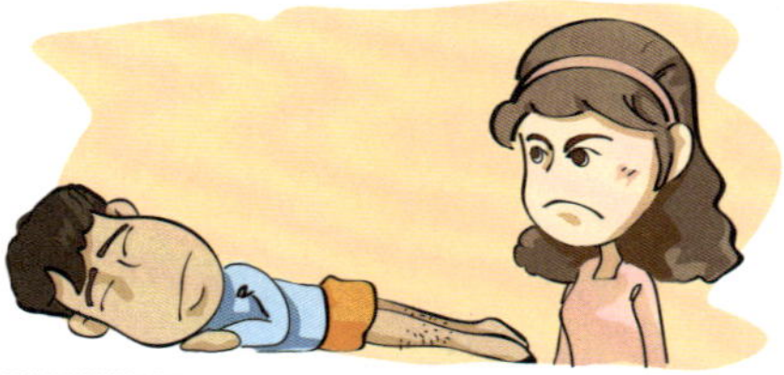

老公说：“太阳每天六点就睡觉了，我昨晚十点才睡呢！”

清晨巧妙与人打招呼

小王是一家公司的业务员，很懂得与人相处之道。

小宝，你现在长大了，上幼儿园可不能哭哦！

Hi，David，好像又长高了哦！

当然，我天天打篮球，什么时候来场对抗赛吧！

李阿姨越来越有精神哦！

小王真是越来越会说话了！

3 办公室闲谈怎么说？

一间办公室，少则三五人，多则十多人，每个人都成天像机器一样为了工作而运转，凡事一板一眼不开口说话，这几乎是不可能的。无论是某一个人有新鲜话题率先发起，还是大家闲来无事寻找话题，办公室里的闲谈，都是不可避免的。

同一个办公室的同事，虽然彼此都不陌生，但交情的深浅差别还是存在。虽然同间办公室里的同事都是效力于同一个主体，但职位有差别、入职年限有先后、具体的利益分配也有差异，表面的一团和气，难以掩盖背后的钩心斗角、相互倾轧。虽然同一个办公室的同事，在工作中需要相互支援和配合，需要为所属部门的业绩尽力，但是，遇到职位晋升、利益得失的时候，他们又是对手和竞争者。所以，介于同事之间如此错综复杂的关系，无论在正式会议上的讲话，还是闲来无事的聊天，说出的每一句话，都应该有所讲究。特别是对于入职不久、公司人际关系还没有完全稳固的年轻人，更是要认真对待。

首先，不可以不说。既然大家都是同事，又是非正式的闲谈，如果大家都在兴趣盎然地说话，唯独你一个人一声不吭，别人不把你当怪物看，就会把你当成敌对分子看。把你当作不合群的怪物，就会认定你不会人际交往，认为你缺乏能力和自信，从而渐渐把你排斥在他们所属的小团体之外，把你当作危险的敌对分子，认为你自命清高，认为你可能把他们说的每一句话都报告给老板或部门的其他上司，这样，你就不自觉地把自己置于大家的对立面，结果将很悲惨。

其次，不可以乱说。虽然是非正式场合的闲谈，但有些话题可能和工作或和部门里的某一个人有关；虽然你不会把大家说的每一句话都报告给老板或部门的其他上司，但不能保证其他的人一定不会把某些话报告给老板或其他的上司。因此，不能随便说的话，一定不能说。

哪些话不能随便乱说呢？批评老板或上司个人能力和是非对错的话不能说；不在场的人的坏话不能说；牵涉个人隐私的话不能说；伤人颜面和自尊的话不能说；贬低他人、抬高自己的话不能说；捕风捉影、自以为是的话不能说；应该拿到正式会议上说的话这时不能说；可说可不说的话尽量不说。

办公室闲谈怎么说？

不可不说

- 以为你缺乏自信和能力
- 以为你自命清高看不起大家
- 以为你想要向老板或上司告密

不可乱说

- 批评老板或顶头上司的话不能说
- 不在场者的坏话不能说
- 牵涉个人隐私的话不能说
- 伤人颜面和自尊的话不能说
- 贬低他人、抬高自己的话不能说
- 捕风捉影、自以为是的话不能说
- 应该拿到正式会议上说的话不能说
- 可说可不说的话尽量不说

办公室幽默

几个办公室的同事闲聊，聊到如今"花钱容易赚钱难"的话题。一位同事颇为感慨地说："有时候真希望一块钱分成两半花。"

另一位同事很伤感、很认真地说："没用的，我试过好多次了，就是分不开。"

4 部门会议怎么说？

不同的场合，说话的内容和方式应该不一样，这就是说话的艺术。要知道在特定的场合里该怎样说话，就得看清楚这个场合的具体情况。

部门会议，指的是公司里自己所属部门的会议。开会既然是正式场合，和平常的办公室闲聊不同，与下班后同事间的聚会或娱乐场合更加不同。其次，虽然是开会，但与会人员全部是同一个部门的同事，平常大家彼此都很熟悉，没必要完全板着一副面孔。最后，要看自己的参会身份，主管和普通员工不同，资深的员工和新进的员工也不同。

如果是主管，作为联结部门和员工的桥梁和纽带，既要对部门负责，也要为员工负责。对部门负责，就是贯彻执行部门高层的决策，坚持部门高层制定的原则和方向；对员工负责，就是为员工的实际利益着想，为他们的前途和未来着想。

在自己主持的部门会议上，主管首先要尊重员工、爱护员工。从自己衣着、神情，到说话的语气，都应该温和、平易，把自己和员工融在一起，切不可有高高在上、颐指气使的倾向。分配任务的时候，既要申明任务的重要性，更要相信大家有能力圆满完成任务。总结工作的时候，要多肯定大家的成绩，少指责大家的缺点和不足，更不可在众人面前让某一个员工难堪。即便是一定要点出工作中的缺点和不足，也要先作自我批评。如果员工对自己提出要求，能满足的尽量满足，不能满足的也不能一口回绝。最好说自己不能做主，要向上一级的主管请示汇报后才能决定。即便是明知无果的事情，员工最后也不会责怪你了。

如果是员工，说话应该谨慎。首先，要考虑清楚后再说。在没有完全考虑清楚之前，最好认真听主管和其他同事说话，从他们的话语之中捕捉更多的意见和信息，借以使自己的观点和主张更完整。其次，说自己该说的话，不能抢了主管的风头，不能过于表现自己，不能指责别人，不能华而不实地大放厥词。最后，说话的态度和语气要诚恳，和绝大多数人保持一致的立场，争取得到大家一致的认可和接纳。

如果是新进员工，说话要更加小心谨慎，其他人说的话一定要听进去，自己能够不说的坚决不说。

部门会议怎么说?

- 部门主管
  - 尊重员工、爱护员工
  - 分配任务时赞赏大家的能力
  - 总结工作时肯定大家的成绩
  - 尽量满足大家提出的要求
- 普通员工
  - 考虑清楚了再说
  - 说自己该说的话
- 新进员工
  - 多听
  - 少说

给对方一个台阶

一家美国贸易公司的总经理以“旭日”为主题，设计了一个商标。周报会上，总经理先为大家介绍了自己的创意，然后再征求各部门主管的意见。

营业部、广告部、企划部等部门的主管极力恭维总经理的创意，只有商品进出口部的主管说：“我觉得我们公司不能用这个商标。”

总经理惊讶地说：“你是觉得这个创意不好吗？”主管勇敢地说：“是它太好了！”总经理说：“我怎么听得有点糊涂了？”主管说：“看到这个商标容易想到日本国旗，这样固然讨好日本客户，但恐怕对于华人客户来说缺乏亲切感。”

听了此话，总经理赞赏地说道：“你说得太有道理了！”

小博士 在部门会议上，大家常常会考虑到上下级关系和同事关系等，所以不愿意说出自己真实的想法，有异议也不愿提出。其实，如果你在反驳他人意见时，能给对方一个台阶，场面就不会显得难堪了！

5 汇报请示怎么说？

在一间公司里工作，要妥善处理好和每个人的关系，特别是要妥善处理好和老板或顶头上司之间的关系。虽然同事和下属对你的看法和评价也很重要，但真正决定你在这个公司前途的人，主要还是你的老板或顶头上司。老板或顶头上司对你为人处世和工作能力的评价，直接决定着你是否能够得到升迁，也直接影响着你的薪资待遇。

想要得到老板或顶头上司的认可和肯定，汇报和请示就必不可少。而且必须讲究一定的方法和技巧。对老板或顶头上司交付的工作任务，要及时汇报进展情况。特别是较为复杂、难度较大的工作任务，更要及时汇报。汇报的主要内容，是自己已经取得的成绩。

首先，无论是最终圆满完成任务，还是仅取得阶段性的成绩，都应该如实且客观地说出来，不能过分地渲染和夸大。无论你取得的成绩多么突出，无论你为取得这个成绩付出多大的艰辛努力，都不应该强调自己的功劳，而要强调是老板或顶头上司的管理有方。

其次，因为老板和顶头上司的事务繁多，能听取你汇报的时间有限，要在有限的时间里汇报清楚，语言就要言简意赅，要善于抓住主要的内容，不可漫无边际。这样既能让对方听得清楚明白，又能给对方留下精明、有能力的印象。

最后，汇报工作，要针对公司老板或顶头上司的个性特点和喜好进行。完成老板或顶头上司交付的任务后要汇报，在完成任务的过程中，自己有了新的想法，要向自己的老板或顶头上司请示。等请示获得批准和许可之后，再付诸实施。否则，按照你的想法执行成功，老板或顶头上司未必会把功劳全归结在你的名下。倘若出现问题，你一个人就会成为代罪羔羊。

请示要有所选择。并不是你要做的每一件事情都必须向老板或顶头上司请示。只要在你职责权限范围之内的事情，无需请示。一般的日常工作，自己完全有把握做的事情，也无需请示。否则，你事事请示，先不管老板或顶头上司有没有时间听你的请示，至少让你在他们心目中留下缺乏主见、能力不足的印象。

汇报请示怎么说？

汇报
- 对象：老板或顶头上司
- 事项：老板或顶头上司交付任务的完成进展情况
- 技巧：
  1. 要强调主管领导有方，不可自夸和邀功。
  2. 言简意赅，口头汇报的同时，准备书面资料。
  3. 要针对老板或顶头上司的个人特点和喜好。

请示
- 对象：老板或顶头上司
- 事项：自己对完成交付任务的措施、办法和建议
- 技巧：
  1. 自己职责权限内的小事，无需请示。
  2. 重大事情必须请示。
  3. 口头请示的同时，准备更详尽的书面资料。

用腿签字？

某作家的文章早已发表，但是杂志社却迟迟没有付稿费。这天，他又来到杂志社领取稿费。

可是，接待他的出纳却说：“真是对不起，先生，我们社长住院了，这笔款项得向他请示并签字后才能领到钱。”

“稿费早就该付了，他怎么还没签字呢？”作家有些不耐烦地说。

“社长因为跌伤脚，正在住院休养呢！”

“那好吧！希望他的腿能早日康复，因为我想看看，他先前究竟是用哪条腿签字。”作家说。

6 上司发脾气怎么说？

身在职场，想避开老板或上司发脾气，极不可能。既然不能躲避、无法逃避，就只有大胆面对。其实，面对老板或上司发脾气并不可怕，可怕的是你不知道该怎样面对。

首先，决不能使老板或上司的火气越来越大，以致完全失控。每一个人在发脾气的时候，都有情绪激动的特点。此时的他们，大脑不能保持正常的理性思维，思路不清晰，认识和判断问题的能力大大降低。这时候，无论以何种方式火上加油，都会促使他们的情绪更加激动，思维更加混乱，做事更加不计行为后果。这个时候，只要你不想改变你们之间原有的社会关系，就一定要冷静及忍耐，绝不能和对方力拼。

其次，要明白老板或上司大发脾气的原因。老板或上司发脾气，肯定是有人做了不符合他们心意的事情。如果是对着你一个人发脾气，自然是认定犯错误的人是你。不管如何，只要清楚对方发脾气的原因，就能对症下药，平息对方心底的怒气。

如果的确是自己的过错，就一定要勇敢地承认错误。态度一定要诚恳，决不能寻找客观原因为自己辩解和开脱。那样的话，只会使对方的情绪更加糟糕。只要你勇于承认错误，态度诚恳，并愿意为自己的错误承担应有的责任，并积极谋求弥补错误的办法，就一定能够得到对方的谅解。而这种积极主动的态度，也会为你争取到降低和减轻处罚的可能性。应该知道，无论是谁，只要有错，就应承担相应的责任，就应接受相应的处罚。

如果自己确实有一定的错，但事出有因，不应该承担所有的责任。这种情况下，是否应该为自己辩解呢？回答是否定的。此时最好的办法，就是先把一切承担下来。只要能够平息对方的怒气，只要使对方恢复正常的思维状态，就一定有真相大白的时候。

如果自己完全没错，是对方弄错了，又该怎么办呢？同样不要和对方争辩，一切以平息对方的怒气为目标。这样做，表面看来自己会受很大的委屈，甚至是被对方侮辱！但只要真相大白，你的隐忍和大度，一定会带给你无限超值的回报。

上司发脾气怎么说?

首先	绝不可火上浇油	否则	对方的情绪会更容易激动，思考会更容易混乱，局面会更加难以收拾。
其次	先明白对方发脾气的真正原因，再采取有效的处理和解决办法。	其一	的确是自己的错，要勇于承认错误，并承担相应的责任。积极寻求弥补办法。
		其二	有一部分的错，但不是全部。不要为自己辩解和开脱。以平息对方怒火为目标。
		其三	自己完全没错。同样不要辩解和开脱。等到真相大白，你的委屈会有超值回报。

人人都有脾气，上司也不例外

上司也是普通人，自然也会有情绪，有发脾气的时候。多数情况下，都是上司对下属发脾气，发脾气的原因无非就是：下属没有把事情办好，发脾气训斥；二是下属对上司不够尊重，让上司没面子；三是上司心情不好，遇到烦心事。

上司发脾气训斥下属时，下属多是忍让。还有一种态度是顶撞，这没有什么好结果。还有第三种态度，那就是静观。任何人发脾气都是短暂的，静心等待就会过去。

有时候，上司对你发脾气会令你增加不少见识，这似乎还有点“观赏价值”。

7 下属捣乱怎么说？

身为一个公司或部门的管理者，都希望自己下面的人忠于自己、努力工作、不断创造出非凡的业绩。一般情况下，员工和下属为了自己的事业，也为了赚取满意的薪水，都会朝这个方向努力前进。然而，偶尔也会有特殊的状况出现。就在老板或上司满怀着憧憬，以为下面的员工和下属是上下一心时，不经意间，突然发现有某个（甚至是某一些）员工或下属对工作漫不经心，或者故意消极怠工，甚至是公然和自己对抗！

最不希望发生的事情，竟然在自己的眼前发生了。作为一个老板或上司，应该怎么办呢？生气是肯定的，但仅仅是生气根本就不能解决问题。是不是把这样的员工和下属叫到自己面前，大骂一顿，然后将其开除了事呢？必须承认，你有权力这样做，但这样做绝对不是解决问题的最好办法。

首先，要明白员工或下属这样做的真正原因。每一个人做每一件事都会有自己的理由，员工或下属对工作漫不经心、情绪不高，可能是自己遇到了什么不顺心的事情，消极怠工可能是对公司或部门有什么不满，公然和自己对抗明显是在针对自己。无论员工采取何种行为方式，你都要冷静对待。发火无济于事，只有了解背后的原因、掌握事情的真相，才能从根本上解决。

其次，查明真相，发现自己的确做了让他们不满意的事情，而且做法的确欠妥，就要诚恳地向他们致歉，并在第一时间纠正自己的错误，消除他们的不满情绪。如果查明真相，发现其中谁都没有错，彼此之间只是一场误会，这种情况下，就不要过多地责怪对方，而要积极地和他们交流和沟通，从而彻底消除误会，使一切回归到正常的轨道上来。

当然也不排除另外一种情况，就是自己根本没有错，双方也根本没有什么误会，而是对方想要跳槽或有其他想法而故意找茬。这种人是否该立即开除呢？其实，一个员工有异心，虽不值得赞赏，但至少说明他并不是一无是处。要是你能真诚地和他沟通，让其回心转意，岂不是美事？就算不能使其改变初衷，通过交流沟通，使彼此成为朋友，对于自己又有什么损失呢？

下属捣乱怎么说？

首先	绝不可草率将其开除。	否则	自己永远也不会得到肯为自己拼尽全力的员工和下属。
其次	查明对方捣乱的真正原因，再采取针对性的处理办法。	其一	如果自己真的有错，就要诚恳道歉，及时纠正错误，消除其不满情绪。
		其二	谁都没错，不过是一场误会，需要积极诚恳地与之交流沟通，消除误会。
		其三	对方有了二心、故意找茬，也要交流沟通，对方能回心转意固然很好，就算不能，自己也不至于有什么损失。

萧何月下追韩信

萧何（公元前257年—前193年），西汉初期政治家，汉初三杰之一。早年任秦沛县狱吏，秦末辅佐刘邦起义。楚汉战争时，他留守关中，使关中成为汉军的稳定后方，不断地输送士卒粮饷支援作战，对刘邦战胜项羽、建立汉代有重要的功劳。

韩信（约公元前231—前196年），西汉开国功臣，齐王、楚王、上大将军，后贬为淮阴侯。公元前3世纪杰出的大军事家、大战略家。中国历史上伟大的军事家、战略家、战术家、统帅和军事理论家。中国军事思想“谋战派”代表人物。被后人奉为兵仙、战神。

有人报告刘邦，说萧何逃跑了。刘邦以为萧何背叛自己去投奔项羽，心里非常生气。

过了两天，萧何居然出现在刘邦面前。刘邦怒气冲冲地问：“你都逃跑了，还回来做什么？”萧何说：“我不是逃跑。而是去追逃跑的人。”

刘邦：“追谁？”萧何：“韩信。”刘邦：“那么多人你不追，追一个肯受胯下之辱的韩信。你以为我会相信你吗？”萧何：“信不信由你。不过，我得告诉你：要是你只想做汉中王，那么有无韩信皆可；要是你还想有一番作为，就非重用韩信不可。”

8 下属犯错怎么说？

必须清楚地知道，同样是下属，“犯错”和“捣乱”的性质是完全不同的。从行为后果看，下属犯错，必定会给公司或部门造成一定的损失，性质越严重，损失越大；下属捣乱，一般都不会有太大的直接损失。从行为动机来看，下属犯错，可能是经验不足，或是不够重视，一般没有主观上的故意，事后会有懊恼、悔恨的心理；下属捣乱，主观上是故意的，事实行为的整个过程，都有一种自鸣得意的心理。因为性质的截然不同，处理方法也应该有所区别。

对于犯下错误的员工或下属，训诫责罚肯定是必需的，但具体方法，应该根据犯错的原因和后果不同，而采取针对性的训诫责罚手段。

对于因为经验不足而犯下错误的员工和下属，无论错误的性质有多么严重，造成的损失有多么巨大，过多地指责他们，都不公平。无论是一个公司还是部门，都有培养员工的责任和义务，员工因经验不足而犯下错误，严格地讲，并不是他们一个人的责任，公司或部门都应承担相应的责任，甚至是主要的责任。再说，对于犯下这类错误的员工，他们的内心应该非常沮丧。因此，对待他们应该有一颗宽容的心，帮助他们认识错误的同时，更重要的是鼓励他们，使他们不再犯类似的错误。

对于疏忽大意犯下错误的员工或下属，无论性质轻重、损失大小，都应该严正地训诫责罚。一个人无论做什么事情，想要取得大成就，就必须具备严谨认真的态度，要有高度的责任心。类似的道理，一个公司或部门要想有长远的发展，对每一个人、每一个环节都要严格要求。这既有利于个人的成长，也有利于集体的发展。需要说明的是，严格的要求、严正的批评，不等于简单粗暴，更不是一顿责骂。最好是晓之以理、动之以情，触动其内心，让他们意识到自己的错误，并彻底改正错误。

员工和下属所犯的错误，最难让人忍受的，是自以为是而犯下的错误。如果说前两种错误都是无心之失，具有一定偶然性的话，这种错误明显具有必然性。对于这种情况，无论损失大小，训诫责罚的态度一定要严厉，要提升到个人作风和品格的高度来认识。要是这样还不能够使其痛改前非，此类人想必对一个集体来说已经是失去他存在的价值了。

批评下属，可以先从优点说起

捣乱	犯错
↓ 主观	↓ 主观
故意所为，自鸣得意	无心之失，沮丧、后悔
↓ 客观	↓ 客观
无大的直接损失	会造成直接损失

林肯总统的智慧

霍格是林肯时期的一位北方军的将军，他在带兵作战中犯了很多错误，仍然非常固执，听不进任何人的意见。于是林肯就写了一封信给他，信的内容如下：

“霍格将军，我任命你为北方军的司令官，我做出这样的决定有充分的理由。首先，我相信你是一个睿智而善战的军人，同时，我也很信任你。你有一颗坚强的心，这是一种可贵的美德。然而，在有些事情上，我却不是十分满意。比如你对军队的指挥，就犯了一些错误……”

当霍格将军收到这封信后，他认真读完信，之后，这位固执的指挥官沉默了，然后向林肯承认自己指挥的失误，发誓要带领军队获得胜利。

后来战争事态的发展，也证明了霍格将军实现了自己的诺言，他带领北方联军取得了最后的胜利。

9 被同事误会怎么说？

被别人误会，是一件不幸的事情。明明自己没有做错事，现实却对自己很不利。这样的事情，无论落在谁的头上，都会感觉很无奈。

有人认为，自己被别人误会，错不在自己而在对方，自己完全可以置之不理。这种观点不能说没有道理。因为事实的真相只有一个，无论别人怎么误会你，事实终有澄清的一天，到了那个时候，误会自然而然就会消除。但在现实生活中，有的误会若不能及时消除，势必会演变为一种矛盾，如果矛盾不能得到及时的化解，就会造成无法挽回的损失。

比如一对原本真诚相爱的情侣，因为一个小误会没有及时消除，就有可能导致心理距离的拉大，甚至会导致两人各奔东西。即便时隔多年，真相终于大白，但两人已经难以重温旧梦，以致遗憾终生。如此空等真相大白所付出的代价，岂不是太过惨重？

同事之间，抬头不见低头见，工作上需要彼此的相互协作和帮助，如果有一点小小的误会不能及时消除，就会影响到彼此间的关系，并为各自的工作带来诸多负面影响。

要消除同事之间不必要的误会，首先自己要有积极的态度。因为只有你知道是误会，对方却被蒙在鼓里，你要是不主动，误会就一时难以消除。

其次，积极的态度不等于草率从事。误会一旦产生，对方在心里对你或多或少已经有了一定的敌视，要是你不把握好时机，不选择巧妙的方式，仅一味地为自己开脱，极有可能让人产生进一步的误会：以为你做贼心虚，认为你有意掩盖事实的真相。

再次，要根据对方的性格特点，选取对方容易接受的方式。既热情诚恳，又能打动对方的内心。

最后，寻找有力证据。只要能够证明自己清白的证据，都可选用。

需要特别强调的是，消除同事间的误会，一方面要快速及时，积极主动；另一方面要有耐心，不能急于求成，否则，欲速则不达，只会适得其反。

怎样消除同事间的误会？

性质
- 误会源自于错误的认识判断
- 对方得出了错误的判断
- 自己原本没有错

办法
- 应积极主动
- 不能草率从事
- 针对对方特点
- 寻找有力证据
- 不可急于求成

与同事说话多用中性词

同事关系有别于一般亲友，因为亲友会对我们多一层理解和包容，即使说错了话，也容易和解。所以在处理同事关系时，要更加地小心谨慎。

在与同事交谈中，要注意一些具有感情色彩词语的使用，因为这些词语一旦说出，就代表了说话者的爱憎、立场等，最好用中性的词语代替。

例如，某个同事的打扮比较“落伍”，你可说“复古”，对方就不会认为你在说她不会穿衣打扮。

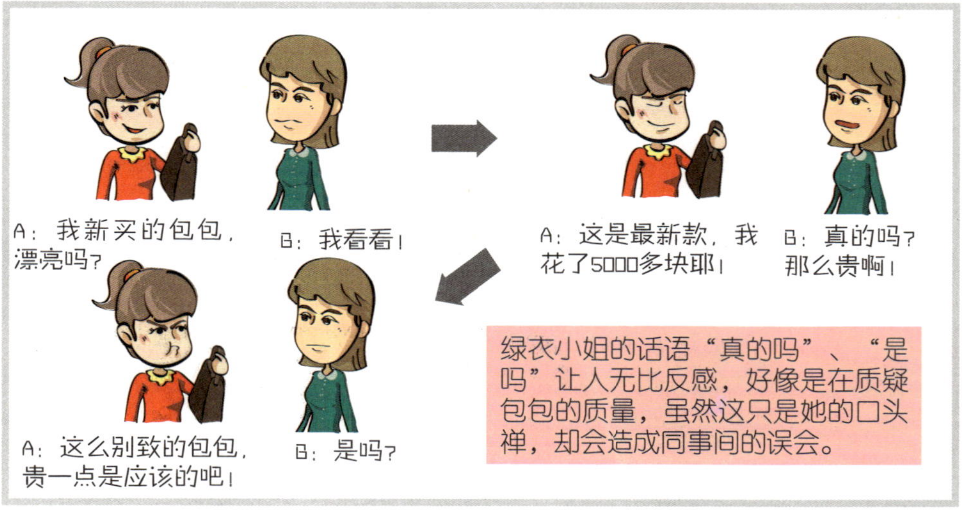

绿衣小姐的话语“真的吗”、“是吗”让人无比反感，好像是在质疑包包的质量，虽然这只是她的口头禅，却会造成同事间的误会。

10 饭桌上怎么说？

吃饭固然不宜说话，但有的时候又不能不说话。因为重要一点的饭局，都有主客之分、主从之分，而且，对于坐在饭桌上的人而言，吃饭饱肚子并非唯一的目的，甚至出席饭局应酬的意义，远远超过吃饱饭的意义。在这样的情况下，要是大家都一言不发，只顾着喝酒夹菜、大快朵颐，就失去主人举办这场饭局的背后用意了。

饭桌上不宜多说，但又不能不说，至于应该怎么说，需要视具体的情况来定。

最重要的，是明确自己在饭桌上的身份地位。如果身为主人，就应该热情大方，尽显地主之谊。一般情况下，酒菜上桌，主人不发话，其他人就不好意思动筷子。此时，主人就应该首先致辞，内容越冠冕堂皇越好，态度越热情越好。开场白之后，主人应该根据自己请客的目的，对客人特别照顾。要是客人不止一人，应该按客人的身份地位依次予以照顾。需要注意的是，特别照顾并非一味地劝酒。即便劝酒，语言也要热情大方，让客人乐于接受。

因为是饭桌，并非特别严肃的场合，主人除了尽显热情大方之外，也需要给其他人留有一定自由发挥的空间。当然，假如意识到场面冷清，要及时出面活跃气氛。最后，在大家酒足饭饱之际，主人还需要作最后的总结性讲话，虽然讲话的内容都是司空见惯的套话，但还是必须要讲的。

如果是客人，就应该充分尊重主人，紧跟主人的步调安排，既不抢夺主人对饭局的控制权，也要对主人的热情大方作出积极回应。

如果既不是主人，也不是主要的客人，而是陪客，则必须牢记：只能锦上添花，不可喧宾夺主。与其口不择言、贻笑大方，不如入境随俗，视情况发言。

另外，自来饭桌上就有“无酒不成局”的惯例，但酒终究只是一个道具，交流沟通、增进感情才是目的，所以，无论主人、主客还是陪客，劝酒不能让人难堪，饮酒切忌过量。

饭桌上怎么说？

主人

1.欢迎词热情洋溢，其实是客套话。
2.根据客人的身份地位，依次招呼。
3.要适时活跃气氛。
4.结束语同样热情不减，也是客套话。

主客

1.充分尊重主人。
2.紧跟主人步调。
3.不抢夺主人的控制权。
4.给予主人积极的回应。

陪客

宁可“锦上添花”，不可“喧宾夺主”。
宁可“入境随俗”，不可“贻笑大方”。

劝酒不能让人难堪，饮酒切忌过量

点　菜

几个年轻人去餐厅吃饭，无意中听到一桌顾客与女服务生的对话。顾客们点完菜，有一位先生想知道刚点了些什么菜，就对女服务生说：“报一报！”

女服务生听了他的话后，既没有说话，也没有动一下。这位先生有点不高兴了，说：“让你报一下，没听见吗？”

女服务生的脸红了，但还是没有动静。一起来用餐的一位小姐说：“叫你报，你就报一下吧！”

女服务生憋了半天，小声地问：“只抱女的可以吗？”

马克·吐温赴宴

有一次，马克·吐温参加一场酒会，他对一位贵妇说：“太太，你真是太美丽了！”

贵妇说：“谢谢！可惜我不能用同样的话回答你。”马克·吐温说：“没关系。你也可以像我一样说假话。”

11 朋友聚会怎么说？

“朋友”是什么意思？什么样的人可以称之为朋友？按照汉语最早的定义：“同门曰朋，同志曰友。”可以理解为：“在同一师门求学，并且志趣相同的人，才是朋友。”

按现在人的理解，就是彼此认识和熟悉，并有不错交情的人，就是朋友。至于彼此认识了解有多深，交情有多深厚，并没有明确的界定。事实上也是如此，由于每个人都有自己不同的人生观和价值观，对朋友的要求和理解，也就不同。有的人把彼此信任和理解，可以相互帮助和支撑，能够至死不渝的人称之为朋友，也有人把仅有一面之缘，甚至叫不上名字的人称之为“朋友”。

不同的人，有不同的交友标准，即使是同一个人，交到的朋友也不止一个，但在这些所谓的朋友之中，肯定会有认识时间长短、彼此交情深浅等差别。因此，即使是朋友间的聚会，也要根据不同的实际情况，采取不同的说话方式。

在参与人员多、场面比较大的场合，言语应该谨慎。因为虽然都是朋友，但朋友和朋友之间的差别还是很大。仅从建立朋友关系的途径来看，有的是从小一起长大，有的是从同学发展而来，有的是工作之中认识，还有的是社交场合偶尔认识发展成为朋友。至于相互的理解和信任程度、学识修养、兴趣爱好、脾气性格等方面的差别，更是林林总总。这样的情况下，只要自己不是绝对的主角，说话最好见机行事，既冠冕堂皇，又不失风趣幽默；既娱乐大家，又无伤大雅。

在参与人员少的时候，则要根据自己和朋友之间交情的深浅，以及对方个性特点选取适当的说话方式和技巧。彼此交情越深，说话的个性化程度越高，随意性也越大。交情越是深厚，说话越要真诚，切忌套交情和说假话。交情越是深厚，言语越要率性，不可吞吞吐吐、闪烁其词。随着彼此关系的由深渐浅，就要逐渐约束自己，更加尊重对方。

除了场面大小、交情深浅，朋友聚会的主题也是决定说话方式和技巧的重要因素。主题越是轻松，说话的随意性就越高。反之，主题趋于严肃，就该谨慎小心，不能妄言。

几种不同的朋友类型

朋友类型	界定
知己	交情深笃、至死不负的朋友
诤友	坦诚相见、直言相规的朋友
挚友	志同道合的朋友
盟友	为特定目的结盟联合的朋友
损友	不为别人着想的朋友

朋友聚会

一群朋友聚会，一位男士走过去向一位女士打招呼："白骨精！好久不见。"女的听了，面带不悦。

男的马上解释说："叫你白骨精，说你是白领、能干、精英。这是夸奖你，还这么不高兴！"

女的转怒为喜，夸对方说："你真是个天才！"

男的说："你为什么骂我？"

女的说："我哪有骂你？我夸你是天才呢！"

男的说："天才？不就是说我是天生的蠢材吗？"

怎样才能交到真心的朋友

1.诚恳、友善待人，用心地、真诚地与人沟通。
2.听取别人的意见，并善于接纳对自己有益的建议，遇到非原则性的问题可以采取求大同、存小异的态度。
3.做一个善良的人，一定能收获一份纯正的友谊。
4.做一个心胸宽广的人，主动与人交流。

12 求人办事怎么说？

一件自己倾尽全力也解决不了的事情，请求别人的帮助，几乎可以不费吹灰之力就能圆满解决，这又何乐而不为呢？问题是，有很多人，一件自己解决不了的事情，四处求人，结果还是办不成，这又是什么原因呢？原因很简单，就是不懂得求人办事的方法和技巧。

求人办事，首先要求对人。遇到任何事情，先要考虑自己能不能独立解决，要是不能解决，再考虑求人帮忙。决定求人帮忙之后，要选择求什么样的人，要不然，所托非能人，费了半天劲，还是毫无进展，既耽误事情的处理，对自己的处事能力和信心也是一种打击。

怎样才算求对人呢？其一是有能力帮助自己的人，其二是愿意帮助自己的人。

一般而言，解决和处理棘手的事情，一靠个人能力，二靠社会关系。求人办事，需要确认对方是否具备帮助自己的能力，要是没有，你求也是白求，于事无补。有了能力，还需要一定的解决途径。要是所求的对象自己就能帮忙，而且愿意帮忙，这是最简捷、最有效的途径。要是所求的人不能独立解决，还需要假借他人之手，那么，就得保证有足够的社会资源和影响力。社会地位越高的人，拥有的资源越丰富，影响越大，解决途径越简捷的，求人办事成功的可能性越大。

求对人，还要会求人。即便对方有足够的能力帮助你，如果他不肯帮你，事情同样无法解决。想要求人成功，就要打动对方，一方面要对方无法拒绝，另一方面要对方乐于帮忙。若能双管齐下，效果会更好。

以情动人。彼此有较深交情的，成功的可能性最大。只要你坦白告诉对方，用真情打动对方，对方推不开情面，就会乐于帮忙。

以利动人。虽然没有太深的交情，只要让对方确信事成之后有丰厚的回报，对方受利益驱使，也很难拒绝。

以名动人。对于社会地位比较高、社会影响力极大的人，虽然彼此没有什么交情，也不会因为利益而动心，但他们普遍注重自己的名声。只要你诚心恳求，以高尚的动机激发他们，成功的可能性也会很大。

求人办事怎么说？

求对人
- 对方有足够的能力帮忙
- 对方愿意帮忙

会求人
- 以情动人。让对方推不开情面。
- 以利动人。让对方无法抗拒利益的诱惑。
- 以名动人。以诚心感动对方，使对方获得成就感和荣誉感。

巧妙拒绝无理求助的人

皮肤病会传染

林肯非常讨厌那些经常到白宫唠唠叨叨的政客，他们的目的就是为了谋得一官半职！

这天，林肯的身体有些不适，但一个来探望的政客不愿离开，似乎还有促膝长谈的打算。

正在这时，林肯的医生走进房间，林肯对医生使了一个眼色，然后伸出双手，说：“医生，你看我手上的斑点，我身上还有很多，会不会传染啊？”
医生假装仔细看了看，“遗憾”地说：“你得了一种传染性非常强的皮肤病……”

还没等医生说完，那位政客居然匆匆地站起来，说：“先生，你好好休息吧！我改天再来看你。”说完，不等林肯答复就跑了，林肯和医生在房间中笑得合不拢嘴。

13 求职面试怎么说？

对每一个追求成功的人来说，首要的条件，是要有一个可供自己施展才华的空间和舞台。找到一份自己喜欢并且适合自己的工作，无疑是迈向成功的第一步。

在竞争日趋激烈的现代社会，要顺利找到一份自己喜欢并且适合自己的工作，有相当的难度。一方面，一个公司或机构想要壮大、发展，的确需要有优秀的人才加盟；另一方面，一个好工作，向往和竞争的人一定会很多，这在讲究资方市场的社会背景下，自己能否顺利竞聘成功，不仅取决于应聘者的个人能力，关键还在于招聘方对应聘者的认可和接纳。对每一个应聘者来说，初试投递履历和基本资料，只能简要地把自己介绍给对方。想要在基本条件类似的众多竞争者中脱颖而出，必须在面试阶段把自己的能力完全展示在招聘方的眼前，打动对方，获得青睐。

求职面试，首先要有舍我其谁的自信心。公司或机构聘用人才的标准是：未必是最优秀的，但必须是最适合的。应聘者要对招聘的部门及职位有全面的了解，要对自己的长处有清楚的认识判断，然后将两者对接，确信自己是最适合的人选。有了这样的自信，面对招聘考官的时候，就能在气势上立于不败之地，从而给对方留下深刻的印象。

其次，语言要简洁明快，准确生动，个性十足。为了让面试官在最短的时间对你的能力作出肯定的判断，事先要有充分的准备，既要避免填鸭式的一问一答，又要避免不着边际的侃侃而谈。前者容易让人质疑你的能力，后者会给人华而不实的感觉。

再次，要随机应变，投其所好。每一个招聘部门，都有自己的理念和宗旨，每一个招聘考官都有自己的评价体系和好恶标准。应聘者在面试的时候，要善于捕捉相关信息，然后随机应变，投其所好，使对方很难有拒绝你的理由。

最后，要扬长避短，避实就虚。世界上没有十全十美的人和事，雇主也不是要任用完美无缺的人。所以，要在对方面前尽量展示自己最优秀的一面，至于客观存在的缺点和不足，能避实就虚是最好的办法。

求职面试怎么说？

首先	舍我其谁的自信	在气势上立于不败之地
其次	语言简洁明快、准确生动、个性十足	第一时间给面试官留下深刻的印象
再次	随机应变，投其所好	让对方没有拒绝的理由
最后	扬长避短，避实就虚	展示自己最优秀的一面

面试中避免十二种“扣分伤害”

1.不善于打开话匣子
2.看问题比较片面或存在偏见
3.与面试官套交情
4.回答问题态度不够积极
5.缺乏专业知识
6.侃侃而谈，慷慨陈词，却不能举出实例
7.不善于主动提出问题
8.缺乏对自我的全面认识
9.对自己未来发展规划模糊
10.落入面试官的问题或陷阱
11.急于询问薪酬、福利待遇
12.谈话不着边际，不懂为面试画上圆满的句号

面试

时尚杂志招聘女性美编。
面试官：“你有男朋友吗？”
甲：“没有。”
面试官：“你会主动追求喜欢的男生吗？”
甲：“我要先努力工作，暂不考虑个人问题。”

面试官：“对不起，我们不能用你。因为你公关能力欠佳，且缺乏自信。”

面试官：“你男朋友帅吗？”
乙：“不帅。”

面试官：“对不起，我们不能用你。因为你缺乏审美能力。别忘了你是应聘时尚杂志的美编。”

14 电话交谈怎么说？

电话交谈作为一种特殊的交流沟通方式，有其自身的特点和规律，在实际运用中，只有先认识和掌握这些特点，才能把它的作用完全发挥出来，从而实现自己的理想目标和美好愿望。

和寻常的说话交流比起来，电话交谈有两个显著的特点：首先，双方不能见面，一切可看到的表情语言、动作语言、肢体语言都无法传递给对方，所以，只能在可听到的声音和语言上下足功夫。其次，电话交谈的时间和空间不确定，为了保证交流的有效和畅通，自己的语言必须要有足够的吸引力，保证对方能听自己把话说完。

为了确保电话交流的有效，打电话之前，首先应该对接电话的对象，也就是自己的说话对象作一些了解。即使无法掌握全面的信息，获得的讯息量越大，对自己越是有利。

第二，要把握好打电话的时间。最好在对方不是很忙，身边没人打扰时通话，确保对方有充裕的时间接听你的电话。

第三，自我介绍要简洁明了。只要主动介绍清楚自己的姓名、公司名称和对方交流的主要事项就可以了。

第四，语速要适度。不能过快，也不能太慢，最好和对方的说话速度相同。

第五，态度要热情大方，语言要清晰准确，通俗易懂。不可夹杂口头禅，少用或不用专业术语。

第六，要确保自己电话语言的逻辑连贯性，即使对方对你前面说的话兴趣不大，也不会贸然中断通话。

第七，要认真倾听对方说的话，给予有效的回应。

第八，要让自己的音质自始至终保持在最佳状态，给人清新悦耳的美好享受。

第九，自己的身体姿态要端庄、放松，脸上要始终带着微笑。虽然对方无法亲眼看到，但能够透过一些轻微的细节观察到，不可大意。

电话交流怎么说？

掌握对方更多的信息	语言清晰、通俗易懂
打电话的时间要恰当	保证逻辑连贯
自我介绍要简洁明了	认真倾听、予以回应
语速要适度	姿态端庄、保持微笑

打电话时需要注意的礼仪

1. 要及时接电话，不要怠慢，更不要接通电话后说“稍等”，放下电话却半天不理人。如果确实忙，应该向对方表示歉意，并请对方过X分钟再打过来。
2. 主动自我介绍。
3. 认真听对方讲话，并适时插入一两句话。
4. 如果对方打错电话，应口气和善地及时告知。
5. 在办公室里，不要大声讲电话。
6. 替人接电话时要询问清楚对方的基本资料，确实转达信息。
7. 挂断电话前的礼仪不可忽略。

打错电话

阿伟午睡时，电话突然响起，他接起电话，问：“你好！请问你是哪位？”

对方：“老师！是我呀。”
男子：“哦，是你呀？”
对方：“老师，你好吗？”
男子：“好。”
对方：“师母好吗？”
男子：“好。”
对方：“咦，老师，你声音怎么变了？”
男子：“因为你打错了。”

15 探视病人怎么说？

人吃五谷米，哪有不生病的道理？每一个人都希望自己永远健健康康的，但对绝大多数要为生活而奔波的人来说，这仅仅是一个美好的愿望罢了。疾病会不期然地侵害我们的身体。生病住院之后，一个人的固有生活模式会被打破，心里常常会有诸多的寂寞和无奈，除了希望早日痊愈，还希望得到别人的安慰和支持。只要是平日有一定交往的，在得知别人生病之后，有的出于责任，有的出于同情，有的希望借机加深彼此的情谊，都会前往探视。

很多人探视病人都应该送点礼物，其实，对于一个生病住院的人来说，精神的鼓励和宽慰，远比有形的物质更重要，只要你言语得体，就能很大程度地减轻病人的苦痛和孤寂，使其尽快摆脱病魔的纠缠。

在探视病人的时候，应该综合考虑诸多因素，再决定说话的方式和技巧。首先是自己和病人之间的关系，可分为亲属、长幼、上下级、同事、朋友等，关系不同，说话的方式和技巧不一样。其次是病人本身的特点，如年龄、性别、性格、病情等，都应该区别对待。

对于年轻力壮、性格开朗、交情很深、病情不重的病人，不妨采取风趣幽默，甚至是调侃奚落的说话方式。譬如说：“平日比腕力都输你，现在来试试谁厉害！”病人会从昔日的威风凛凛的回忆中，激发出战胜病魔的勇气和信心。

对绝大多数普通的病人而言，在探视的时候，态度要和蔼可亲，神情要尽量放松，不能表露出过度的忧虑和痛苦。因为生病之后，人的情绪会变得焦躁，神经会变得敏感，你的不当表现，会增加病人的心理负担，不利于病人的早日康复。说话的时候，语调要亲切，多说一些安慰和鼓励的话，尽量不提及病情，把病人当成正常人看待，让他意识到自己仍旧是家庭和公司中不可或缺的一员。

对于危重病人，请不要当着他的面讨论病情。特别是在病人还不知道自己的确切病情时，更要把他的注意力转移开。比如，可以夸赞病人就医的地方医疗条件不错、主治医生医术高明等，还可以和他说一些病房外面的新鲜事。

探视病人怎么说？

病人情况

开朗且病情不重	病情普通	病情危重
说话方式	说话方式	说话方式
采取风趣幽默，甚至调侃奚落的说话方式。	态度和蔼可亲，神情尽量放松，语调亲切，强调对方是家庭和公司不可或缺的一员。	不能面带忧虑和痛苦，不能在他的面前讨论病情。尽量转移其注意力。

探望病患朋友

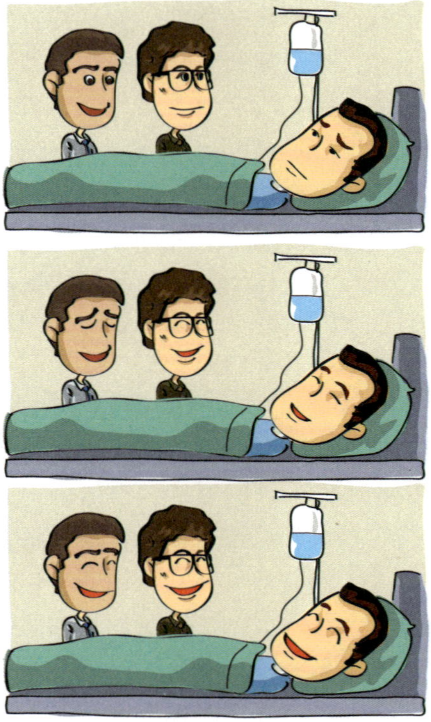

阿力生病住院，他的死党阿坤和阿杰去医院探望他。

走进病房，阿坤开口就说：“这张病床蛮软的，躺在上面好像很舒服耶！你可以安心躺在床上休息。”

阿力笑了笑，回答说：“能暂时远离那繁重的工作，真是有些庆幸呢！”

阿杰又说道：“你现在已经度过了危险期，病好了后你就会产生抗体，再也不会被传染，比我们还多了一层保护墙呢！”

“呵呵呵呵……”病房里顿时充满笑声，阿力觉得自己的病好了很多。

16 突发状况怎么说？

在重大场合说话，因为说话的意义重大，面对的听众多、身份地位特殊，对说话者个人魅力的展示和塑造都很重要，而且，一个人一生面对这种场面的机会并不多，因此，很多人都会倍加珍惜。只是意识到应该珍惜显然不够，还得付诸行动。

很多人为了在重大场合说话圆满，会事先对相关细节进行精心设计，包括从出场到结束，甚至是每一句要说的话，都进行反复演练。然而，世界永远都是处在不断变化之中，无论事先做多么精密的设计和准备，到达现场，仍旧还是可能出现一些自己难以预料的突发状况。比如自己一不留神在上台说话时滑倒，或自己的讲话被突然打断，或有人突然向自己提出一些特别刁钻、特别难回答的问题等。面对这样的状况，如果自己处置不当，就会陷入尴尬的气氛之中，整个讲话的效果，就会大大降低，甚至在事后，还会成为大家议论的笑柄。

对于重大场合中的突发状况，讲话者除了事前做好周密的准备，设计相应的应急预案之外，假如不幸遇上事先没有想到的状况，就全靠自己灵活机动的应变能力了。

应对毫无征兆的突发状况，大脑的反应一定要机敏。在最短的时间内把突发事件的性质和自己此次讲话的重要性联系起来思考，并在最短的时间内作出反应，转移大家的注意力，不要给在座的其他人留下太多思考的空间。比如上台时不慎滑倒，无论是自己过于紧张，还是其他什么原因，都可以说："在下对在座各位的热忱（或才华之类）佩服得五体投地，在这里给大家行礼了！"这样谦卑的态度，不仅能够顺利过渡，还会因为自己的机智幽默赢得大家额外的尊敬。

除了借题发挥、调侃自己、取悦听众之外，应对重大场合突发事件的方法其实还有很多，这需要当事人根据自己所处场合的环境、气氛，灵活机智地予以处置。而无论以何种方式处置，都需要快速、及时。

有的时候，如果实在想不到第一时间里的急救办法，可以以活跃气氛为名，给大家讲一个无伤大雅的笑话。总之，面对突发状况，不能无动于衷，更不能惊惶失措。

突发状况怎么说？

切忌	→	无动于衷 惊惶失措	结果	原定讲话的效果将大打折扣，自己还会成为大家的笑柄。
应该	→	迅速反应 借题发挥 避实就虚	结果	吸引大家的注意力，转移大家对突发状况的关注，以机智幽默赢得大家额外的尊敬。

滑倒

一位著名学者应邀演讲，刚刚上台，不小心脚下一滑，险些滑倒，台下众人见此情形，几乎要笑出来。

不料那位学者借机向台下听众鞠了一躬，嘴里说："非常感谢大家的热忱，在下给大家行礼了。"
台下立刻响起了掌声。

避免落入窘境

有一位作家，常常应邀到各个地方演讲。演讲的主题多是与他的专长有关，但有时还需要回答与自己专业无关的问题。

每当遇到自己不太了解的话题或内容时，他会说："我知道大家已经对这个问题有了深刻的了解，我也就不再啰嗦……"

听众们听了这句话，自然就不会再提出和此话题相关的问题。

17 化解矛盾怎么说？

化解他人的矛盾纠纷，无论对方是素不相识的陌生人，还是关系亲密的家人、朋友、同事、下属，还是其他关系特殊的人；无论是出于道义上的恻隐之心，还是自己的职责所在，都需要一定技巧。只要自己的方法得当，技巧合理，就能迅速消除双方的怨气，使双方化敌为友，自己也赢得双方的感激和敬重。否则，如果盲目草率，不讲究方法和技巧，就有可能激化双方的矛盾，不仅事与愿违，还可能惹火上身，落得“里外不是人”的后果。

化解别人的矛盾，第一步要了解事情的真相。不了解事情的真相，就没有发言权。只有了解清楚双方发生矛盾纠葛的前因后果，才能明辨他们之间的是非曲直，才能在化解矛盾的时候做到有理有据、游刃有余。

其次，态度要诚恳，语气要温和。无论双方的矛盾冲突是否激烈，自己都是毫无利害关系的局外人，无论双方的怨气有多大、情绪有多激动，都不可能把矛头指向自己。只要自己的态度诚恳，就能赢得矛盾双方的尊重和好感。这样的话，双方接受你调解的可能性就会增大，调解的效果就会好很多。反之，如果你的态度不够诚恳，或者双方认为你的态度不够诚恳，就会怀疑你别有用心，怀疑你是有意偏袒某一方，就会对你产生抵触情绪，乃至敌对情绪。一旦到了这个地步，离惹火上身就不远了。

再次，要淡化双方争端问题的严重程度。发生矛盾争执，肯定有双方比较在意的矛盾焦点。这个焦点，在双方看来，应该是比较严重的、不能调和的。作为调解人，应该抓住这个焦点，尽量说服双方：在他们看来是很严重的问题，其实性质并不那么严重。只要双方接受你的这一观点，事情就成功了一大半。

最后，私下交换意见。矛盾纠纷出现之后，出于好面子，谁都不愿意当着对方的面认输。此时，最好私下交换意见。针对事情本身，剖析当事人的是非对错，让他站在对方的立场审视和思考。此时，在保持态度客观公正的大前提下，也可以对情绪比较激动的一方施以一定的压制和平抑。

化解矛盾怎么说？

	掌握事情真相		态度诚恳、语气温和		淡化双方的争端问题		私下交换意见
首先	了解双方发生矛盾的前因后果，明白双方的是非曲直，才能做到有理有据、游刃有余。	其次	以诚意感动双方，切莫让双方对你产生抵触情绪，乃至敌对情绪。	再次	抓住这个焦点问题，改变双方原有的观念和看法，以此打开双方的心结。	最后	针对事情本身，剖析各自的是非对错，让彼此站在对方的立场上思考。保持客观公正，可适当压制和平抑情绪过于激动的一方。

劝架

甲：“那天，我看见一个男人在街上殴打一个女人。就冲过去说：‘打女人算什么本事，要打就打男的。’”

乙：“结果怎么样呢？”
甲：“我就被打得不省人事了。”

与其正面冲突，不如采取激将法

利宾是一位很受欢迎的歌星，但是脾气却不太好。有一次，利宾受邀为一场音乐会的嘉宾，到了演出时，他却不想出场了。

经纪人洛克知道，利宾又是因心情不好而拒绝演出。洛克说：“我马上打电话取消，虽然你不在意票房，但我想观众会很失望，不过也无所谓。”

最后一句其实是反语，意思是今天晚上不去，那么就会失去很多观众和支持者。利宾听完，说：“那我等一下再决定吧！”

经过一番思考和休息，最后，这位歌星终于走上台，为大家献唱。

18 当众演讲怎么说？

演讲又称演说，是指在公众场所，以有声语言为主要手段，以肢体语言为辅助手段，针对某个具体问题，鲜明、完整地发表自己的见解和主张，阐明事理或抒发情感，进行宣传鼓动的一种语言交际活动。

除了政治家，演讲对律师、教师、企业家等职业也有不可低估的重要作用。就普通人而言，掌握演讲的方法和技巧，能够提高说话能力，增强自信心，塑造良好形象，为日后大展宏图奠定坚实的基础。

一次成功的演讲，首先要从准备工作做起。自己的演讲内容应该认真准备。从思想观点，到逻辑层次，以至具体的细枝末节，都应该做周密的安排。应该熟悉自己演讲的环境：室内还是室外，宽敞还是狭窄，灯光角度、声音效果等，都会影响到演讲的效果。还应该了解自己的演讲对象、年龄阶段、知识水平、关注话题、思想观念等，都不能忽视。为了确保演讲的效果，在正式演讲之前，还应该反复练习和模拟演讲，力求精益求精，万无一失。

正式演讲的时候，演讲者应该以良好的形象出现在听众的面前，穿什么衣服，留什么发型，都要根据演讲的主题和听众的需要而定。站在台上，仪态既要端庄，也要适度放松。过于僵硬，不仅给人呆板的印象，甚至会影响吐词、发音；过于放松，又会给人散漫的感觉。一般情况下，保持身躯挺直，两脚距离与双肩同宽，是比较恰当的姿势。演讲过程中，目光既要专注，又要柔和，表情要随着演讲的内容起伏有所变化，不能给人痴呆之感。

演讲应该迅速吸引听众，开场白要有新意。除了良好的形象、悦耳的声音打动听众之外，可以根据演讲的主题，设计恰当的故事开头，也可以以设问的形式开头。演讲过程中，要注意节奏的变化，根据内容需要，调整语速的快慢、语音的轻重。为了保证对听众有足够的吸引力，有时还可以作一定时间的停顿。

在演讲的关键环节，应该辅以适当的手势和肢体语言，尽量寻找和听众互动的机会。

演讲的最后，要让听众们都留下一个耐人寻味、难以忘怀的结尾。

演讲的方法和技巧

- 准备
  - 主题和具体内容
  - 熟悉演讲的环境
  - 了解听众的基本情况
  - 反复练习和模拟演讲
- 出场
  - 良好的形象
  - 仪态既要端庄，又要放松
  - 眼神既要专注，又要柔和
- 演讲
  - 精彩的开场白
  - 注意节奏的变化
  - 语速的快慢
  - 语音的轻重
  - 根据内容可作适当停顿
  - 适当的手势和肢体语言
  - 谋求和听众互动的机会
  - 耐人寻味、难以忘怀的结尾

不关我的事

一位著名的政治家应邀为大学生演讲，他在准备回答学生的提问时，主持人递给他的麦克风出现了故障，没有声音，场面顿时显得有些尴尬。

不料这位政治家耸了耸肩，双手一摊，笑着说："这可不关我的事，我并没有动它。"气氛顿时活跃起来。

演讲时要"管"好你的面部表情

演讲时的脸部表情，会带给听众深刻的印象。紧张、疲劳、喜悦、焦虑等情绪都清楚地表露在脸上，很难借由本人的意志加以控制。

演讲的内容即使再精彩，如果表情总是缺乏自信，演讲就很容易变得欠缺说服力。

控制脸部的方法，首先"不可垂头"。人一旦"垂头"就会给人"丧气"之感，而且若视线不与听众接触，就难以吸引听众的注意。

另一个方法是"缓慢说话"。说话速度一旦缓慢，情绪即可稳定，脸部表情也得以放松，再者，全身上下也能够为之泰然自若起来。

19 拒绝别人怎么说？

人与人之间应该相互帮助和支持，别人有求于你的时候，无论对方和你的关系如何，能帮的尽量帮；你有困难的时候，求助于别人，别人能帮的也尽力相助。这样的生活应该是非常美好的。但是，每个人都有自己的实际困难，常遇到别人有求于你的时候，你却因为诸多原因，不能帮助别人，于是不得不婉言拒绝。

求助别人时，心里常满怀希望；求助不成，遭到拒绝，心里会有很大的落差。因此，拒绝别人，需要针对实际情况，讲究一定的方法和技巧，否则，就有可能伤害对方，甚至造成彼此之间难以化解的矛盾。

当别人求助于你的时候，诉求是比较明确的。拒绝别人，也需要明确的理由。根据对方的诉求、自己的处境，拒绝别人大致有三种不同的情况：第一，别人的诉求超过自己的实际能力，帮不上，比如别人向你借一百万，你没那么多钱，只能拒绝。第二，别人的诉求超过自己的心理承受能力，不想帮，比如别人向你借一百万，因为担心有去无回，只好拒绝。第三，别人的诉求违背自己的为人准则，不能帮，比如别人向你借一百万，还明说是拿去做违法的事情，必须拒绝。

在第一种情况下，你的本意并不是想拒绝，而是确实无能为力。因此，在拒绝别人时，态度一定要诚恳，让对方确信你不是不想帮忙，而是实在帮不上忙。只要对方相信你说的话，心里就不会难受。同时，为了证明自己的诚恳，你不妨替对方再想想办法，比如对方的诉求就是借钱，虽然你帮不上，但可以帮助想想双方都熟悉的其他人能否帮上对方。这样做了，无论结果如何，对方都会对你存感激之心。

第二种情况，不是你帮不上忙，只是不想帮而已。但是，你不能把话说得那么直接坦白，而要尽量委婉含蓄一些。同样以借钱为例，你可以一口咬定自己没钱，也可以说自己仅有的钱另有急用，话说到这个地步，对方也不可能再强人所难。

第三种情况，是绝对不能帮忙，语气可以委婉一些，但态度一定要坚决。对方能够知难而退是最好，要是对方企图死缠烂打，不妨以公之于众乃至报警相威胁，彻底断绝对方的念头。

拒绝别人的方法和技巧

对方诉求	办法
1.对方诉求超过自己实际能力的，帮不上忙。	态度诚恳，让对方确信自己已经尽力。
2.对方诉求超过心理承受能力的，不想帮。	语气委婉，既不为难自己，也给对方留足面子。
3.对方诉求超过做人准则的，不能帮。	态度坚决，让对方知难而退。

是我不配

一个男子向一个女子求爱，女子婉言谢绝说："你真的很优秀，是我不配。要是你愿意，我们做普通朋友吧！"

拒绝人，又不伤和气的方法

1. 向对方解释自己拒绝的原因。
2. 采取暗示性的语言，并且果断地严辞拒绝，不要说得模棱两可。
3. 拒绝人不要找借口，也不要含糊其辞。
4. 拒绝对方的同时不要伤害对方的自尊，否则对方可能会迁怒于你。
5. 让对方明白你的拒绝是必需的表现。

推销员：小姐，要试试我们专柜新款的防晒霜吗？效果非常好哦！

顾客：我家里还有没用完的防晒霜，暂时不需要。不然你把名片留给我，等用完我再跟你买吧！

虽然推销员被拒绝了，但心情还是不错，因为可能又多了一个潜在的顾客哦！

20 被人拒绝怎么说？

诉求被人拒绝，分为两种不同性质的情况，其一是日常生活中，自己遇到无法解决的困难，求助于人时遭到拒绝；其二是工作上，如推销产品，遭到客户的拒绝。

在求助于人的时候，自己肯定满怀希望，遭到拒绝后相当于当头被人泼了一瓢冷水，心里肯定很难受。然而，仅沉浸在难受中于事无补，因为困难仍然没有解决，生活还得继续。遭到拒绝，更没有必要怨恨对方，因为每个人做每一件事都有自己的理由，要是对方拒绝是因为确实无能为力，就要充分体谅对方的难处；要是对方有能力帮而不愿意伸出援手，也应该尊重对方的选择。求不求他是你自己的事，帮不帮你是他的权利。如果真要责怪，只能怪自己求人之前没有看对人。

俗话说：“求人不如求己”，实在需要求人时，首先要想到可能被拒绝，要想办法尽量避免被拒绝，这既可以避免双方难为情，也有利于自己的困难得到及时解决。如果最后还是被拒绝了，也不要不高兴，更不能翻脸不认人，而要充分体谅对方的难处，要诚心地表示自己的谢意，使双方的关系不受丝毫损害。

推销员被客户拒绝，和日常生活中的被拒绝截然不同。客户和自己之间首先是工作关系，你向对方推销产品或服务，成功的前提是能够满足对方的消费需要；对方拒绝的本质，是你没能满足对方的需要，或者说没能很好地满足对方的需要。客户拒绝的原因很复杂，有的是的确不需要你推销的产品或服务；有的是你拜访的时间不恰当，对方根本无暇听取你的意见和建议；有的是对方已经对你推销的产品或服务产生了兴趣，但仍旧心有疑虑；有的是暂时不需要你推销的产品或服务；还有的是其实已经动心，不过是想为自己争取更多的优惠罢了。无论客户拒绝的原因是什么，自己都应该保持礼貌的态度，感谢对方抽空接受拜访，为下一次的拜访争取机会和留有余地。

还有一种特殊的拒绝，是异性之间，某一方看到心仪的对象，苦苦追求却遭到拒绝。在此情况下，当事人应该保持平和的心态。对方拒绝，不是你不够好，可能是对方觉得彼此不合适，也可能是对方对你的认识了解还不够。无论何种情况，都应该尊重对方的选择，好言相劝。

被人拒绝怎么说？

被人拒绝怎么说			
	类型	性质	办法
	日常生活有困难，求助于人却遭到拒绝。	对方无力帮助；对方不想帮助。	体谅对方的难处；尊重对方的选择。不影响原有关系。
	推销员推销产品或服务，被客户拒绝。	推销的产品或服务没能满足对方需要。	态度礼貌，感谢对方接受拜访。争取赢得下一次的机会。
	青年男女追求心仪的对象被拒绝。	双方不合适；自己的优点、诚意未被对方完全认识。	保持平常心，不适合做恋人就做朋友；有希望就别轻言放弃。

21 身陷窘境怎么说？

一个人的一生，总不可能永远都一帆风顺。这里所说的窘境，特指有人怀着特别的目的，要么为了炫耀自己，要么为了让你难堪，在语言上布下陷阱，让你落入他的算计之中，只要你稍微应付不当，就有可能成为众人的笑柄，从而名声受损。对于喜欢在唇枪舌剑中追逐成功喜悦的人来说，身陷窘境虽然算不得好事，但也未必完全就是坏事。只要你善于随机应变，就能顺利挫败对方的阴谋，赢得更多人的掌声和尊敬。

面对别人的挑衅和刁难，最关键的一点，就是要沉着、冷静。只有这样，才能保证快速思考，才能确保自己在第一时间作出准确的判断，才能识破对方的目的和意图，从而给予对方针对性的还击。

如著名的英国剧作家萧伯纳，在《武器与人》剧本问世之后，立即引起巨大的反响。有一次，演出结束后，有很多崇拜萧伯纳的人强烈要求萧伯纳上台接受大家的祝贺。可是，萧伯纳刚走上舞台，下面突然有个人冲到台前，对他大声喊道：“萧伯纳，你的剧本糟透了！谁要看这个烂戏！赶快收回去，停演吧！”观众大吃一惊，以为萧伯纳肯定会气得浑身发抖，愤怒抗议这个挑衅者。谁知道萧伯纳不但不生气，反倒彬彬有礼地向那个人鞠了一躬，笑着说：“朋友，你说得很对。我完全赞同你的意见，但遗憾的是，我们两个反对这么多观众有什么用呢？我们能禁止这个剧本的演出吗？”下面立即哄堂大笑，挑衅者只好自觉没趣地走了。

因为一个剧本的是非好坏，总是有一定的标准，不会因为某一个不怀好意的人的妄言，大家的共同认识就会被改变。萧伯纳看似顺着挑衅者的意思说话，却是在利用公众的评价体系对挑衅者进行有力的还击。这样做的效果，自然要比和对方针锋相对的辩论好很多。

其实，摆脱窘境的办法和技巧很多，只要自己不自乱阵脚，只要自己始终保持清醒的头脑，敏锐地捕捉到对方的弱点和漏洞，就一定能够摆脱窘境，转危为安。

摆脱窘境的方法和技巧

突发状况怎么说

- 调侃自己 → 故意暴露自己可爱的缺点
- 直言不讳 → 把对方最明显的缺点指出来
- 避实就虚 → 装着什么事都不曾发生过
- 转移话题 → 分散大家的注意力
- 含蓄委婉 → 留给大家足够的思考空间

高尚和流行

赫尔岑（1812年—1870年），俄国哲学家、作家、革命家。代表作有《往事与沉思》、《谁之罪？》、《克鲁波夫医生》、《偷东西的喜鹊》，其作品主题是对社会不公正、不合理之原因的探究，即“思想小说”和“问题小说”，在当时产生了极大的社会影响。

俄国作家赫尔岑有一次应邀参加音乐会，居然打起了瞌睡。
女主人叫醒赫尔岑，问：“先生，你不喜欢音乐吗？”

赫尔岑说：“我不喜欢低俗的音乐。”
女主人：“这可是流行音乐呀，怎么会是低俗的呢？”
赫尔岑：“流行的就高尚吗？”

顾客：听说店里的服装都是你设计的，这些衣服的款式好奇怪哦！

店长：可能是现代人的品位都很独特吧，这些款式奇怪的衣服可是吸引了一大批忠实的消费者呢！

店长轻松地化解了尴尬场面。

第五章

讲“技巧”，创造成就100分

三分天才，七分口才。

——谚语

1 有话好好说

“有话好好说”的原意大家应该都熟知，就是心里有什么话，要心平气和地说。在这里，成了深谙说话艺术的最好证明。这两个“好”字，第一个“好”，是说话之前，要把自己想说的话组织好，表达好；第二个“好”，就是取得最好的说话效果。要达到这样的要求，需要掌握说话的技巧，并把这些技巧融会贯通，用得恰到好处。

说话包含的要素很多，有内容、主题、语言、声音，说话的对象和说话的场景等，说话的技巧，涵盖以上各方面。每一种技巧，表面看来像是独立的，实际上却紧密联系，构成说话这门艺术不可或缺的基石。

针对具体的现实需要，懂得并善于运用说话技巧的人，和完全不懂说话技巧的人，面临的境况和得到的结果会截然不同。毫不夸张地说，前者可以呼风唤雨，心想事成；后者只能寸步难行。

懂得并善于运用说话技巧的人，可以根据自己的愿望和现实需要，把一个很平淡的故事，讲述得生动感人。不懂说话技巧的人，即便是一个非常生动的故事，从他的嘴里说出来，也会变得寡淡无味。

懂得并善于运用说话技巧的人，可以根据自己的愿望和现实的需要，把一个复杂艰深的道理，讲解得平易浅显、妇孺皆知；不懂说话技巧的人，即便是一个平易浅显的道理，从他嘴里讲出来，也会让人觉得难以捉摸其义。

懂得并善于运用说话技巧的人，可以根据自己的愿望和现实的需要，把一片普通的树叶描绘得美轮美奂，让人神往；不懂说话技巧的人，即便是一朵绚烂美丽、芳香沁人的鲜花，从他嘴里说出来，花还是花，也无半点可爱之处。

懂得并善于运用说话技巧的人，可以打动每一个人的心，被大家如众星拱月一般地敬仰。不懂说话技巧的人，只能永远形单影只，像蜗牛一般艰难爬行。

说话的技巧不是一成不变的，也没有一个人的说话技巧是与生俱来的，都是自我激励、不断学习、不断超越，才会掌握丰富的说话技巧。

说话技巧的重要性

本质 → 是无数人不断实践、不断分析归纳的结果。不是与生俱来的。

- 懂得并善于运用 → 根据自己的愿望和现实需要，变平淡为生动，变艰深为浅显，变平凡为神奇。能打动每一个人的心，被大家如众星拱月一般地敬仰。
- 完全不懂 → 生动成了寡淡，平易浅显成了云山雾罩，最美的花，也毫无动人之处。只能形单影只，像蜗牛一样艰难爬行。

人际交往中应该注意的说话技巧

1.学会倾听

2.知道正确称呼对方

3.记住对方的名字会让沟通更容易

4.学会引出对方的话，让对方打开话匣子

5.不要踩到对方谈话的雷区

6.学会“吹牛”

7.不要吝啬你的赞美和恭维，但也不可太过夸张

8.巧妙地提出问题

9.避免过多的口头禅

10.拒绝对方也要做到不伤和气

11.发言要简洁有力

说话漂亮，人更美

人际交往互动越来越频繁，而“说话”在人际交往中扮演着越来越重要的角色。尤其对于女性来说，拥有好人缘，在职场、交友中将会无往不利。所以，要想拥有高人气，好人缘，成为大家视线的焦点，一定要注意说话技巧，把话说得漂亮，人也会变得更美丽！

2 用心说话

世界上最美的话，最能感动别人的话，是发自内心的话。因此，纵然会说话的人有无数的技巧，用心说话也是最重要、最根本的技巧。

说话的目的在于彼此交流思想，沟通感情。交流和沟通都是对等的，当你把内心最真实的想法、最诚挚的感情袒露出来的时候，对方一定能够感受得到，就会为你的真实和诚挚感动，回报给你同样的真实和诚挚。这样，双方的交流和沟通就完全没有障碍，心与心的距离就会快速缩短，直至没有距离，融会在一起。相反，如果两个人在一起说话，彼此都把心藏起来，言不由衷，就像两个人戴着面具一起生活，看不清楚双方，即便某一天两个人摘下面具在大街上遇见，也认不出彼此。

用心说话，除了把自己内心最真实的想法、最诚挚的感情和盘托出，还应该包括用心去聆听、用心去感受。沟通的对象形形色色，每个人的性格、习惯、表情达意的方式都可能不同，因此，在与人谈话交流的时候，应该用心专注于对方，体察对方一言一语蕴含的思想、一笑一颦流露的情感，站在对方的立场和角度，尊重对方、关心对方，从而形成彼此间的良性互动。

用心说话，用心感受，对不曾这样认真做过的人来说，听起来似乎有点玄奥莫测，但事实并非如此，日常生活中类似的例子屡见不鲜。

比如一个还无法准确无误地表情达意的孩童，无法用成人习惯的方式准确表达自己的思想和愿望，但是每天朝夕相处、细心呵护他的母亲，能够读懂孩子每一个细微动作后面最真实的诉求。换了其他没有经验的人，在面对一个哭闹的婴儿时，可能就完全无能为力。

孩子的心智和能力发展还没有达到能够准确表述自己的思想、情感、愿望的阶段，不应该受到任何责备。有一些成年人，由于认识不足，或者习惯使然，不愿意用心说话，不愿意把自己的心声袒露出来，在父母家人面前不说，在上司同事面前不说，在同学朋友面前不说，结果是愿望得不到满足，心愿无法实现。更可悲的是，面对这样的结果，他们首先做的，不是反省自己，而是埋怨别人的不理解，甚至发展到怀恨命运和埋怨社会对自己的不公。

说话技巧的重要性

用心说话

- 自己 → 袒露最真实的思想、最诚挚的情感 → 结果
- 别人 → 用心聆听 用心感受 → 结果

（两者互动）

距离无限缩短，心与心互相交融

用心说话，展现你的真实

在人与人的交往过程中，最重要的是要用心、有诚意，否则你说的话很难让人信服。说话要有魅力、说服力，而华丽的辞藻并不能给你带来这样的效果。往往是那些平实的语句，只要你用心、实事求是说出来的话，反而会取得对方的信任。

如果你能对这些平实的语句适当注入一点“活泼的养分”，你的话就更具有表达力。你说的话平实又生动，又有说服力，在人际交往中一定会赢得好人缘。

Anan：我看过你的作品了，虽然我对绘画研究不多，但我觉得你的作品很有风格耶，非常有特色，刚才我听到好多人都对你的画作赞不绝口呢！

画家：谢谢！这是我听过最好的赞美了！

3 实话实说

实话实说和“口无遮拦”不同。口无遮拦的人，肚子里憋不住任何一点事儿，非一股脑儿吐出来不可。至于吐出来的话是什么话，会有什么后果，他们是不会动脑子去想的。因为说话之前没有经过大脑神经系统的思考、筛选，口无遮拦的人脱口而出的话，可能是自己看到的表面现象，或是道听途说的流言蜚语。因为不加思考，没有明确的目的意图，但却容易被别有用心的人所利用。他们不自觉地成为别人散布谣言、诽谤中伤的工具，自己得不到任何好处，同时伤害无辜的人。

实话实说的人，大多数忠厚老实、恪守本分。他们平时话语不多，说每一句话都很慎重，都会经过大脑的遴选和甄别，最终说出口的，一定是证据确凿的真话，不会有胡编乱造的假话和谎话，也没有道听途说的传言和未能证实真假的虚言。

实话实说的说话方式和风格，看似平淡无奇，却蕴藏很高的说话技巧。实话实说的人，他们说出的话，在揭示事情的真相和事物的本来面目的同时，还传递了自己最真实的思想情感，表达了自己最实在的目标愿望。他们的诚实和坦白蕴含着巨大的人格魅力，能够赢得很多人的尊重和景仰。

人与人之间的交流和合作，必须建立在相互信任的基础上。实话实说是取信于人的前提基础和重要保障。世界上最美的谎言，也不过是谎言而已，它对于需要真诚交流和合作的双方而言，作用为零，甚至是负数。只要谎言被揭穿，自己之前付出的所有努力，都有可能付诸东流。

既然是谎言，为什么不会被揭穿呢？为什么不应该被揭穿呢？有人说过：“当你撒了第一个谎之后，就会编织十个谎言来自圆其说，当你撒了十个谎言之后，就会编织一百个谎言来自圆其说。”谎言的窟窿越来越大，怎么会不被揭穿呢？

实话实说的最大好处在于，你说出的每一句话，都经得起任何方式的核对和考证，从而保证你的人格和社会地位永远屹立不倒。反之，即使你说过很多真话，但偶尔说的一句假话败露之后，人们就会质疑你之前所说的每一句话。

实话实说的重要性

实话实说 → 要求 → 说出自己最真实的想法和要求，道破事情的本来面目。 → 好处 → 缩短交流和合作的心理距离和现实距离，取信于人。 → 反之 → 心存侥幸或者用谎话掩藏自己的缺点和不足。掩盖事实的真相。 → 结果 → 谎言被揭穿，事情的真相大白时，你也将失去人们的信任。

夸奖人也要说实话

当你不经意间听到别人一句赞美的话，心里是不是很高兴呢？而如果一个人把你从头到尾夸奖一遍，你会不会觉得很茫然呢？
这样过度夸张的话语会让人觉得是在拍马屁，所以，我们在夸奖一个人时，还是要注意“实话实说”，赞美的语言也一定要“言之有物”。

4 从赞美开始

人性是有弱点的，几乎没有一个人会拒绝别人对自己的赞美。

从心理学的角度讲，需要分为五个不同的层次：生理需要、安全需要、社会交往需要、尊重需要、自我实现需要，依次从低到高。其中，尊重的需要介于社会交往需要和自我实现需要之间，既属于每个人的基本需要，也是较高层次的需要。因为，在现实生活中，每个人都需要得到别人的尊重，普通人是这样，社会地位越高的人、生活处境越好的人，需要越强烈。

赞美，无疑是体现尊重的最好方式。每个人都是独特的，都有自己的优点和长处，都有自己引以为傲的某些特质。诚恳地说出他们的这些优点、长处和特质，就是最好的赞美方式，就是对本人最大的尊重。

有的人知道赞美对方的重要性，但却不知道赞美别人的方法和技巧。以为赞美别人，就是不停地说对方的好话，不看具体的环境、对象，什么话好听就选什么话说，甚至把对方极力避讳的缺点，也拿来当成赞美的内容。这种“哪壶不开提哪壶”的做法，反而得不到对方的认同，对自己当然也不会有什么好处。所以，世界上没有不需要赞美的人，只有不知道赞美别人的人和不善于赞美别人的人。

要学会赞美别人，首先要学会观察。只有敏锐地观察到对方身上与众不同的闪光之处，并在言语上表现出诚恳的态度，最终得到对方的认同，赞美才是成功的。

需要特别强调和指出的是，在赞美别人的时候，诚恳的语言和态度很重要。每个人心里对自己的优点和长处都大致有数，你观察和捕捉到了，只能说明你有很好的洞察力，和你要赞美的对象无关，但是假如你在指出这些优点和长处时，态度不够真诚，甚至是漫不经心，非但得不到对方的好感，还有可能适得其反。

赞美还需要得到对方心理上的认可，才能达到自己预期的效果。有的人不太喜欢听太过坦白、太过肉麻的话，如果你言过其实、不着边际，对方就有可能认为你在讨好，而不是在赞美，就会怀疑你别有用心，就会对你产生警惕、防范，甚至是抗拒心理。

怎样赞美别人？

首先 → 敏锐观察和捕捉到对方身上与众不同的优点、长处和特质等。 → 其次 → 用诚恳的态度和恰如其分的语言，指出对方的优点、长处和特质。 → 再次 → 让对方认可和乐于接受你的赞美。

比恩·崔西的赞美

比恩·崔西是美国著名的图书推销员，有一次，他准备向一位女士推销图书，还未开口，对方就很不友善地说：“我知道推销员很会奉承人，专挑好听的说，不过，我不会相信你的鬼话。”

比恩·崔西微笑着说：“是的，您说得很对，推销员是专挑那些好听的词语来讲，说得别人头昏脑涨，像您这样聪明的顾客，我还是很少遇到，特别有自己的主见，从来不会受到别人的支配。”

一席话说得对方很高兴，结果买了他很多书。

赞美别人会为你带来财富

司华伯是美国一家钢铁公司的主管，年薪超过百万美元。为什么他会拿那么高的薪水呢？

司华伯解释说：“我手下的很多员工才是真正的专家，他们懂得的技术和知识比我多。”这真是奇怪，为什么司华伯并不算最优秀，却可以享受如此好的待遇呢？

面对这个问题，司华伯说：“当我和员工相处时，我能够激发他们的积极性，让他们努力工作。很多人问我，怎样才能做到这一点呢？其实很简单，那就是多去赞赏和鼓励别人。我从来不批评任何人，只是不停地表扬别人。”

赞美能给人带来巨大的鼓舞。司华伯就是巧妙地以赞美、鼓励的语言，激发员工们的工作积极性，为自己创造更多的财富。

5 倾听的重要性

每个人都只有一张嘴，却长了两只耳朵。如果说人真的是上帝创造的杰作，那么，上帝对人类的这一个设计意味着什么呢?

对于这个问题，每个人可以站在不同的立场表达自己的观点和看法，但对有志于掌握说话这门艺术的人来说，嘴巴是用来说话的，耳朵是用来听别人说话的，自己说话用一张嘴就足够了，听人说话却要用两只耳朵，意思很明显，就是要自己少说，多听别人说。理由似乎牵强了一点，但结论肯定无疑：想要学会说话，先要学会听别人说话。

说话交流思想感情，是双边活动，必然是一方在说，一方在听。要是双方都只顾着说自己的，不听别人在说什么，看上去就像是两个都不讲道理的人在吵架，交流和沟通无法完成。想要良好地交流和沟通，除了说，还得听；想要学会说话，掌握说话这门艺术，就得学会倾听。

学会倾听，代表你对他人的尊重，同时也赢得了别人的尊重；学会倾听，能够从对方的话里了解和掌握对方内心最真实的想法和意图，才能很好地和对方交流和沟通；学会倾听，能够捕捉和占有丰富的信息，使自己更了解事情的真相和事物的本质；学会倾听，能够从别人的话语里吸收更多有用的东西，使自己在发言的时候取长补短，观点更正确，论证更完整，办法更有效；学会倾听，你会发现每个人都有过人之处，从而变得谦虚谨慎、奋发向上；学会倾听，你还能从别人身上学会很多说话的方法和技巧，从而更好地掌握说话这门艺术。即便对方是对手或者敌人，学会倾听，也能从对方的话语里捕捉到对方的致命弱点，从而采取针对性的策略，轻松取胜。

学会倾听，在听别人说话的时候，一定要神情专注，集中所有的注意力，这样才能尽全力吸取对自己有益的东西。同时，态度要诚恳，要让对方感觉到你在认真倾听，可以给予鼓励和关注的目光，可以在对方说到关键之处颔首示意，表示自己的肯定和赞赏，确保对方把该说的话说完。

倾听的技巧

1.首先，要有诚意，无论对方的地位高低，谈话过程中，眼睛要注意对方，这是基本的礼貌。

2.其次，别人和你说话时，最好能停下手上的工作，认真听对方讲述。

3.另外，在听的过程中，偶尔要插上一两句回应。听到不明白的地方，适时地插入问题，表示你一直认真在听。

学会倾听

好处

- 赢得别人的尊重
- 良好地与对方交流和沟通
- 了解事情的真相和事物本质
- 使自己说话时取长补短
- 使自己变得谦虚、谨慎、奋发向上
- 捕捉到对手或敌人的弱点
- 更容易掌握说话这门艺术

办法

- 态度要诚恳，积极回应
- 神情要专注，集中注意力

此时无声胜有声

最近，一家电信公司常接到一位老先生打来的投诉电话，他根本不听工作人员的劝告，无论怎么为老先生解释，他都不听，让人觉得有些无理取闹。最后，电信公司派了一位调解员上门拜访老先生。

不久之后，公司就再也没有接到老先生的投诉电话。公司的人感到非常惊奇，于是问这位调解员：“真是太神奇了，你到底对他说了些什么呢？”调解员说：“我几乎没说什么话。”

“其实很简单。”调解员继续说，“到了老先生家后，我一句话也没说，而是听他足足说了三个小时，等他说完话之后，我安慰他几句，事情就解决了。其实他只是想向人倾诉一下而已。”

6 细节决定成败

从字面上理解，细节就是细小的环节或情节。从说话这门艺术来看，细节就是决定说话效果的所有因素。

细节是一个相对的概念，只能定性，不能定量。是否注重细节，既是个人的生活习惯，更是一种生活态度。在工作中，看不到细节、不注重细节的人，对工作缺乏认真的态度，对事情只能是敷衍了事。他们在工作中缺乏热情，更无法把工作当作一种乐趣，也很难取得令人满意的工作成绩。考虑到细节、注重细节的人，不仅认真对待工作，而且注重在做事的细节中找到不断成长的机会。

注重细节的人，在说话之前，会确定自己的说话主题，会为论点寻找充足的论据，会对说话的内容、层次、逻辑关系作周密安排，会对说话的场地、环境作认真的调查，会对说话对象作深入、细致的分析研究，会对说话过程中可能出现的突发状况作预先估计，并设计好应对办法。

注重细节的人，在说话的时候，会注意自己的表情、动作，会注意自己的语音、语速，会借助一切手段增强自己说话的说服力和感染力，会争取和说话对象之间的互动，会给自己的说话画上一个圆满的句号。

注重细节的人，会对自己的说话效果作评估反省，会检讨自己的成败得失，会不断进步，直至熟练掌握说话这门艺术。

不注重细节的人，说话之前不会进行精心的准备，说话的时候随意散漫、仓促草率，说话之后不作检讨，不思进取。

可以断言的是，注重细节的人，会把话说得中肯和得体，达到甚至超过自己预想的说话效果，说话的水平也会不断提高，直至趋于完美；不注重细节的人，说的话缺乏感染力和说服力，无法取得自己想要的效果，说话的水平也不会得到提高。

说话的过程看起来比较简单，但在注重说话细节的人看来，其中充满了变量和变化。每一次说话，都和前面经历过的完全不同，都是一次新的机遇和挑战，都需要自己精心准备和尽情发挥。

细节的重要性

注重细节 ←对比→ 不注重细节

注重细节 — 做法

- 说话之前
  - 确定主题
  - 层次逻辑关系
  - 调查说话场地
  - 分析研究说话对象
  - 预计突发状况
- 说话之时
  - 注意表情、动作
  - 注意语音、语速
  - 借助一切手段
  - 和说话对象互动
  - 画上圆满的句号
- 说话之后
  - 评估说话效果
  - 检讨经验教训

→ 成功并不断进步

不注重细节 — 做法

- 之前：不做准备
- 之时：随意发挥
- 之后：不做检讨

→ 失败且无进步

成功并不断进步 ←对比→ 失败且无进步

疼爱老公的十个细节

老公的心理还是个孩子，他任性时就陪他一起疯。

老公大部分时间都不肯认错，但在他认错的时候要给他台阶下。

老公也需要虚荣，所以，爱他就告诉他。

要给老公足够的自由空间。

老公玩电脑的时候，不希望被打扰。

在老公的朋友面前，要给他十足的地位。

每个月有几天，静静地陪在老公身边就好。

老公都希望得到信任和欣赏。

老公都不爱猜谜语，所以要有话直说。

老公都希望自己的努力得到感激。

7 笑脸相迎

俗话说：“伸手不打笑脸人。”就算是一个和自己有深仇大恨的人，未曾见面时，恨对方恨得牙痒痒，可见了面后，只要对方对自己笑脸相迎，就算你真想打对方，也会下不了手。

笑容是一种令人感觉愉快的表情，面带笑容的时候，它可以传递出两方面的信息：一方面，表明自己是健康、快乐、自信的，没有痛苦，没有哀伤，能够面对一切艰难险阻；另一方面，对别人是友好和信任的，乐于和对方交往，并相信彼此的交流和合作能够取得良好的结局。

在人际交往中，笑容是一种轻松剂和润滑剂，能够缩短人与人之间的心理距离，打破交际障碍，为深入的沟通与交往创造和谐、温馨的良好氛围。

未曾说话，便以笑脸相迎，无论面对什么样的说话对象，都能营造出一个良好的开端。说话的对象会受到你的笑容感染，自觉放弃质疑和对立的情绪。未曾说话，便以笑脸相迎，无论身处什么样的说话场合，都能营造出一个和谐的氛围。整个说话的环境，会因为有你的笑容做主导，彼此间洋溢着友好和信任的气息。

在说话的过程中，脸上始终保持自信而又友好的笑容，会使自己的话语更具有亲和力和感染力。即便对方的观念在某种程度上与你存在一定的分歧，也会因为你自信和友好的笑容，自觉或不自觉地放弃对立，主动去寻找切合点。

需要注意的是，笑作为一种让人感觉舒服、愉悦的面部表情，普遍情况下，出现这种表情的时候，面部肌肉会有一定程度的抽缩，有的时候，还会附带发出一定的声音。根据肌肉抽缩程度和发出声音的大小，笑的含义会有所不同。虽然含义不同，但只要控制在一定范围之内，给人的感觉都是友好、愉悦，但如果超过一定的控制范围，意义就完全不同了。我们也可以把这一类型的笑，称之为“异常的笑”。

异常的笑大致有：苦笑、傻笑、痴笑、怪笑、假笑、狂笑、强颜欢笑等，一般情况下，都是在和别人说话的时候禁用的表情和神态。

笑脸相迎的特征

特征1：不出声，不露齿，仅是面含笑意。

特征2：唇部上移，牙齿不外露。

特征3：上齿显露在外，但不发出声响。

特征4：笑时抿嘴，下唇大多被含于牙齿中。

特征5：嘴巴大张，牙齿都暴露在外，口中发出笑声。

死了还面带笑容

殡仪馆工作人员问死者亲属："他为什么死了还面带笑容呢？"

死者亲属："他是爬上树时被雷电劈死的。"

殡仪馆工作人员："被雷劈死还面带笑容？"

死者亲属："一道闪电过来，他以为有人在帮他拍照呢！"

小博士：人际加分小秘诀

- 主动微笑会为你的亲和力加分哦！对方会很愿意继续和你交谈。
- 交谈过程中，看着对方的脸，露出专注听他说话的表情，适当地加入谈话。
- 保持轻松的表情和心情与人交谈。

8 要有感染力

感染力原本是生物学的概念，是指病原体引起宿主扩散疾病的能力。延伸到说话这门艺术，感染力就是你讲话的时候，能否得到听众普遍认同的能力和能否引起听众心灵共鸣的能力。

说话的性质是双方进行思想的交流和情感的沟通，说话的目的是让听众接受自己的观念、主张和要求。每个人都是独立的个体，都有自己的观念、主张和要求，别人为什么一定要接受你的观念、主张和要求呢？强制要求显然行不通，关键在于你说的话是否有感染力。

怎样才能使自己说的话更具感染力，得到别人的认同，并且引起共鸣呢？

第一，态度必须是真诚的。只有真诚地与对方交流沟通，才会尊重对方，说出对方的心声，满足对方的需要，也只有真诚地与对方交流沟通，才会说出自己的真心话，才会把自己的真实想法和真实情感传递给对方。所谓"精诚所至，金石为开"，只有彼此的心靠近，思想和情感才会相互交融。

第二，内容的表述要准确，让对方能明白你真正想说的意思，了解你真正的想法和要求。如果你的表述不准确，表达不清楚，让对方误会你的意思，岂不是成了南辕北辙？为了让听众听得更加清楚明白，说话要有自信。有自信，说话才会条理清晰，不会含混不清、结结巴巴。

第三，要善于控制说话的节奏。说话平铺直叙，会让人觉得乏味，会分散听众的注意力，因此，语速当快则快、当慢则慢；语音当重则重、当轻则轻，做到抑扬顿挫，张弛有度。

第四，要形象生动。有些艰涩道理，普通听众不容易一听就懂。这个时候，你需要深入浅出，化深奥为平易，化抽象为具体，以通俗易懂的方式来呈现给对方。最好是打比方，举例子，用大家都熟知的事物和容易明白的道理来诠释，不至于让听众有如雾里看花般莫名其妙。

最后，要风趣幽默。紧密结合讲述的内容，穿插一些小笑话，有助于听众理解和接受，还能活跃交流沟通的氛围，是一举两得的好办法。

怎样增强说话的感染力？

- **态度真诚**
  - 尊重对方，说出对方的心声
  - 传递自己的真实想法、情感
- **表述准确**
  - 自己说得清楚明白
  - 对方听得准确无误
- **控制节奏**
  - 说得抑扬顿挫、张弛有度
  - 听得层次井然、明确清晰
- **形象生动**
  - 化繁为简，化难为易
  - 举例子、打比方
- **风趣幽默**
  - 既有利于听众接受
  - 又有利于活跃气氛

有感情的表演才能感染人

赛斯顿是一位非常有名的魔术师，他凭借自己高超的表演，赢得无数观众的喜爱。

当很多记者问他觉得自己成功的秘诀是什么时，他回答说：“其实我从来不认为有什么秘诀，也不觉得自己的技艺高人一筹，但我却懂得一件事，那就是怎么和观众沟通，从来不轻视每一个观众。”

记者又问道：“沟通？魔术师很少说话，怎么和观众沟通呢？”赛斯顿笑了笑，说：“有的魔术师上台以后，总是面无表情地表演，他们心想：‘这些观众都非常愚蠢，都是傻瓜，现在我要用魔术好好骗他们一回！’”

赛斯顿接着说：“当我走上台的时候，我却告诉自己：我要感谢所有在座的观众，我要付出最大的努力完成表演。富有感情的表情，自然会感染更多的观众。”

听了赛斯顿的回答，人们终于恍然大悟。因为赛斯顿懂得关心、体谅别人，所以才能得到尊重和爱戴。

9 要有目的

有目的，才能有的放矢，才能节约时间和成本，才能更准确分析问题、解决问题。做其他的事情是这样，说话同样是这样。

古时候，有一个人，要到南方的楚国去，却驾着马车往北边走。有人问他："你既然要到楚国去，为什么往北走呢?"他说："我的马好。"对方说："马虽然好，但这不是去楚国的方向啊！"他说："我的路费很多。"对方说："路费再多，也到不了楚国啊！"他又说："我的车夫善于赶路。"这就是南辕北辙的故事。

当时人们得出的结论是：这个人永远也到不了楚国，而且只会离楚国越来越远。其实，现在看来，这个人理论上还是可以到达楚国，但必须是绕地球一周之后。可是，绕那么多的弯路，值得吗？就算最终到了，又有什么意义呢?

人们说，目标和方向错了，停止就是前进。为了避免多走弯路，为了避免浪费时间和资源，必须尽量确保目标和方向的正确，必须做到说话、做事要有目的。

说话的目的表现在两个方面：一个是目标，一个是方向。其他的方法和技巧，都如同那位南辕北辙的人所引以为傲的马、路费和车夫。如果目标和方向错误，所有的努力都是白费，甚至会适得其反。

说话的目标，也就是自己想要达到的理想效果。说话的目的，首先要为自己确立正确的方向，把自己的真实想法和愿望准确地传递给对方。其次要考虑对方的目标。之后，还应该考虑双方的目标是否一致。

说话的方向，就是实现目标所采取的方法和措施。如果目标相同，采取的方法和措施就应该一致。反之，方向就该相反或相对。比如，在家庭成员之间，在同部门的上下级、同事之间，他们的目标基本上一致，都是为了家庭和睦、幸福，都是为集体取得更好的业绩。说话的时候，就应该表现相互支持、求同存异的原则和态度。而在谈判桌上，自己和对方都在为主体利益的最大化而努力，目标不一样，方法和措施就应该适度调整。

说话的目的

对方 → 方向 → 相同或一致 ……→ 相反或相对

↕ ↕ ↕

自己 → 目标 → 相同或一致 ……→ 相反或相对

针锋相对策略

解析

针对对手的论点、论据予以毫不客气的驳回，使自己的立场更坚定。

内容

1.双方都出于善意。
2.一旦一方发起攻击，立即针锋相对地进行回击。
3.双方是宽容的，一方面采取合作的态度，另一方面仍然不给对方机会。

做法

1.对方说什么，你就反驳什么，并提出新的意见。但不是单纯地对方说东，你就说西，要有针对性。
2.驳斥对方时，要找对话题，不能“离题”。如果你“离题”了，对方反问你一句“你没听懂我的意思？”就会让你之前的论述完全瓦解。

针锋相对

有一个人，被汽车撞伤了一只手，于是，向法院提起诉讼，要求司机赔偿他5万美元。

法庭上，司机认为他要价太高，说：“不可能的。你是不是把我当成百万富翁了？！”
那个人毫不相让，说：“你是不是把我当成笨蛋了呢？！”

10 声音的魅力

说话，就是利用有声的语言，传递自己的思想、情感和要求，达到与他人交流和沟通的目的。说话的前提，是自己的发音器官能够正常发音，而发音器官发出声音的质量和特性，会给听众带来不同的心理感受。说话发出的声音，和其他的所有声音一样，包括音量、音高和音色三个方面的特性。音量就是主观感觉声音的大小，取决于振幅的大小和距离的远近。振幅越大、距离越近，感觉声音越大；振幅越小、距离越大，感觉声音越小。音高就是声音的高低，由频率决定。音色又叫音品，是由发声体本身的材料、结构所决定。

一个人在说话的时候，音量、音高和音色相结合，就构成一个人说话的音质。音质好的，能够给人赏心悦目的感觉；音质差的，听起来令人如坐针毡。因此，想要自己说的话能够吸引人、打动人，音质的好坏，相当于第一块敲门砖。其中，音量和音高可以根据需要随时调整，而音色取决于人体的发音器官，对每个人而言具有一定的稳定性，是极为关键的因素。

人体的发音器官是一个大的发音体系，除了大家都知道的舌头之外，还包括一个以肺部为扇心，向上延伸到嘴部、鼻部、头部的扇形区域。为了使自己有较好的音质，说出来的话让人感觉悦耳动听，首先要保持身体健康，特别是发音器官各部件的健康；其次要养成良好的生活习惯（如按时作息，保证充足的睡眠等），抛弃不良的习惯嗜好（如过度的抽烟、酗酒等）。

音质较差的人，说出来的话，只会给人不舒服的感觉；而音质较好的人，说出来的话，给人的美妙感觉却各不相同。有的人声音浑厚，有的人声音高亢，有的人声音很有磁性，有的人声音极具穿透力，有的人声音清新，有的人声音甜美，有的人声音曼妙有致，有的人声音沁人心脾。每一个说话者，都有自己的音质特色，对于有志于说话这门艺术的人来说，最为重要的，是要有充分的自信，要相信自己的声音同样具有与众不同的魅力，无论面对什么样的说话场合，都应该保持自己特色，大方说话。不要盲目地模仿他人，以致矫揉造作、不伦不类。

声音的魅力

音量，即声音的大小。取决于振幅和距离。	可以根据需要随时调整音量的大小和音高的高低。
音调，即声音的高低。取决于频率。	
音色，又叫音品。取决于发音体的特性和结构。	具有极大的稳定性。需要养成良好的生活习惯，摒弃不良的习惯嗜好。
乐音，有规律的让人愉悦的声音。	从物理学角度来看，指发声体有规律振动时发出的声音。
噪音	从环保的角度来看，指干扰人们正常工作、生活的声音。

当有人气势汹汹地找你兴师问罪，而且对方的声音属于“如雷贯耳”型的话，你不需要正面回应对方，而可以这样说：“哇！你的声音很好听哦！好有当歌星的潜质，要不要去报名参加歌唱比赛呢？”
听了这样的回答，相信对方的怒气也消失得差不多了。

丽娜：今天我去逛百货公司，发现很多专柜的衣服都有打折耶！

丽娜：你看！这条裙子之前卖800多块，现在打5折喔！

丽娜：欧～不好意思，影响你休息了！

11 把握好节奏

从起点到终点，很多人只看到速度的重要性，其实，在很多情况下，节奏也很重要，甚至具有决定性作用。如马拉松比赛，从起点到终点，全长40多公里，人们看到的，往往是谁在最后的冲刺阶段跑得最快，从而错误地认为速度的快慢是决定参赛者成败的唯一因素。马拉松比赛，除了奔跑的速度，更重要的是前进的节奏。只有较好掌握和控制节奏的选手，才能最终摘取桂冠。

说话和马拉松比赛，表面看来风马牛不相及，但对节奏的要求，却是惊人的一致。如果你说话的速度过快，听众未必能够完全听得明白；如果你的速度太慢，实在难以保证没人把它当成催眠曲；如果你的讲话一直都是平铺直叙，人们很难听出话语中的要点和核心；如果你的讲话一直都是慷慨激昂，听众的心脏就会受不了；如果你的讲话一直都是凝重深沉，听众的神经就会受不了。凡此种种，说话没有节奏，听起来就很费劲、很伤神，很难达到交流和沟通的目的。

掌握和控制说话的节奏，应该根据主题表达的需要和听众的需要来决定。高亢的节奏声音偏高、起伏较大、语气昂扬、语势上行，能产生威武雄壮的效果。一般适用于鼓动性的演说、阐述重大事件、宣传重要决定等。低沉的节奏语速较慢、语气压抑、语势下行，使人得到低缓、沉闷、声音偏暗的印象，适用于具有悲剧色彩的事件阐述，或慰问、怀念等。凝重的节奏声音适中、语速适当，既不高亢，也不低沉，听来一字千钧，句句着力，适用于发表议论和某些语重心长的劝说、抒发感情等。轻快的节奏最为常见，听来不着力，并且多扬少抑，适用范围较为广泛。

节奏紧张时声音不一定很高，但语速较快，语句不延长停顿，适用于重要情况的汇报、必须立即加以澄清的事实申辩等。舒缓的节奏，声音不高不低，语气从容，既不急促，也不大起大落，是一种稳重、舒展的表达方式，适用于说明性、解释性的叙述。

在特定的场景里，应该有占主导地位的说话节奏，但更重要的是根据实际需要，去调整节奏，从而达到最佳的说话效果。

说话的节奏

- 高亢 → 适用 → 鼓动性的演说，宣布重要决定。
- 低沉 → 适用 → 叙述悲剧故事，慰问、怀念。
- 凝重 → 适用 → 发表议论，抒发感情。
- 轻快 → 适用 → 范围较广。
- 紧张 → 适用 → 汇报情况，申辩事实。
- 舒缓 → 适用 → 适用于学术上的说明和叙述。

选择占主导地位的节奏，
再根据实际需要调整节奏。

说话不要“饶舌”

有的人自认为伶牙俐齿，遇到人总是说个不停，从不考虑对方的真实感受和心情，也不管谈的话题对方是否感兴趣，就滔滔不绝地说下去，让人很难插话或转移话题，更没有继续听的兴趣。

听者为了礼貌会听下去，但在心里会觉得这种人不懂礼貌，太过长舌。

节奏加快

有人问著名的文艺评论家：“19世纪古典小说和当今小说的区别是什么？”

评论家：“在古典小说里，年轻男女接吻一般出现在150页后；而在当代小说中，第2页便开始介绍他们的私生子了。”

12 说好第一句话

对于第一次见面的人，在双方全无了解的情况下，自我介绍最好开门见山。在向对方致意之后，将自己的姓名、身份直接告诉对方。

如果双方已有一定的了解，自我介绍可以采取攀谈的方式。就是在自己和交谈对象之间，寻找能沾上关系的事情。如果没有直接关系，比如性格脾气、生活经历、兴趣爱好等间接的关系，也可以充分利用。即便是两个人真的是全无关系，你也可以生拉活扯，强行把两个人捆绑在一起。这样既可以让对方看见你有交往的诚心，又能体现你的聪明才智。

假如对方了解得更多一点，不妨采取敬慕的方式。在夸赞对方引以为傲的优点和长处的同时，传达出自己由衷的仰慕之情。

如果自己面对的不是单一的对象，如重大场合的演讲，需要面对一群学识修养、兴趣爱好等都不相同的听众，是否做自我介绍，就显得不是那么重要了。重要的是接下来的开场白中怎样吸引住大家的注意力。

开场白的方式有很多，被很多人认可和赞誉的大致有以下几种：

其一，情感沟通。从听众的切身利益出发，由其普遍关心和重视的话题开始，可以有效缩短双方的距离，容易引起听众内心的共鸣。

其二，风趣幽默。几乎没有人会拒绝快乐和欢笑，以笑话或富有趣味的故事开头，容易被大家接纳。

其三，制造悬疑。抛出一个悬疑故事或情节，能够吊起大家的胃口，让演讲的对象欲罢不能。

其四，反诘激问：以问句激起大家的好奇。提出一个大家都比较感兴趣的问题，却把答案暂时掩藏起来。

其五，引用名言。名言总是具有很强的说服力。

其六，展示道具。事先准备道具，在开场时展示，既新颖别致，又能吸引大家关注和好奇的目光。

自我介绍的方式

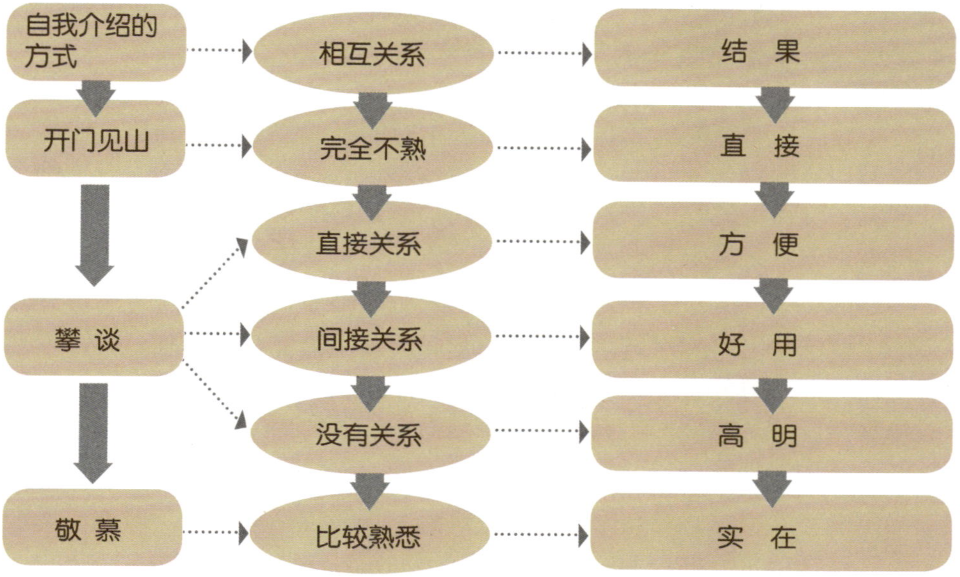

新职员和老板的对话

老板：万分欢迎，没有你，我们的公司肯定大不一样！
员工：如果工作太累，或许我会辞职。
老板：放心，我不会让这种事情发生！
员工：我假日可以休息吗？
老板：当然了！这是底线！
员工：平时会天天加班到凌晨吗？
老板：不可能，谁告诉你的？
员工：有餐费补贴吗？
老板：那还用说？绝对比同行都高！
员工：有没有工作猝死的风险？
老板：不会！你怎么会有这种念头？
员工：公司会定期举办旅游吗？
老板：这是我们的明文规定！
员工：那我需要准时上班吗？
老板：不，看情况吧！
员工：工资呢？会准时发吗？
老板：一向如此！
员工：事情全是新进员工做吗？
老板：怎么可能，你上头还有很多资深同事！
员工：如果主管职位有空缺，我可以参与竞争吗？
老板：毫无疑问，这是我们公司赖以生存的机制！
员工：你不会是在骗我吧？

（注：以上对话之妙处在于，由前向后阅读和由后向前阅读的意义截然不同。）

13 正确的仪态

除了用嘴巴说出的有声语言，说话时的眼神、表情、动作、姿势，以及所有能够传递给听众一定含义的体态信息，统称为仪态。一个善于说话、懂得说话这门艺术的人，会借助于正确的仪态，增强和提高自己的说话效果。反过来，不懂得说话艺术的人，会因为错误的仪态，削弱自己的说话效果，甚至还会把自己的说话效果引向相反的方向。

说话时仪态的作用，其一是树立和展示自己良好的形象。其二是表明自己对对方的态度。一般而言，通过塑造自己的形象，传递给对方的信息，应该是真诚的、友好的、谦逊有礼的，而不应该是虚伪的、敌意的、蛮横无理的。

良好的姿态，有利于相互交流沟通。因为说话的主题、对象、场合不同，说话时的仪态要根据实际的需要而定。

通常情况下，和别人说话的时候，眼睛应该平视。过高，有时显得傲慢，有时显得漫不经心；过低，显得自己信心不足。目光应该柔和，既不能咄咄逼人，也不能游离不定。

表情要自然。除非特殊需要，不宜太过夸张。

无论是演讲，还是普通的交谈，站着说话时都应该挺直腰部，以示自己堂堂正正、信心十足。表现自己关怀对方的时候，可以适当地俯身说话。

注意保持适当的距离。距离过近，有威胁对方的嫌疑；距离过远，又显得自己不够诚恳。若是坐着说话，随着交谈的深入，可以挪动椅子，缩短双方的距离，表明自己有希望和对方更进一步交流的诚意。

在肢体语言中，手势无疑是内涵最丰富、表现力最强的一种。不同的手势有不同的含义，代表不同的立场和态度，需要说话的人深刻体会和灵活运用。

需要强调的是，仪态包括很多因素，但又是一个整体概念，即眼神、表情、动作、姿势及其他体态语言，并非割裂而是统一呈现。因此，它也有一个总体要求：自然且协调。

说话时的良好仪态

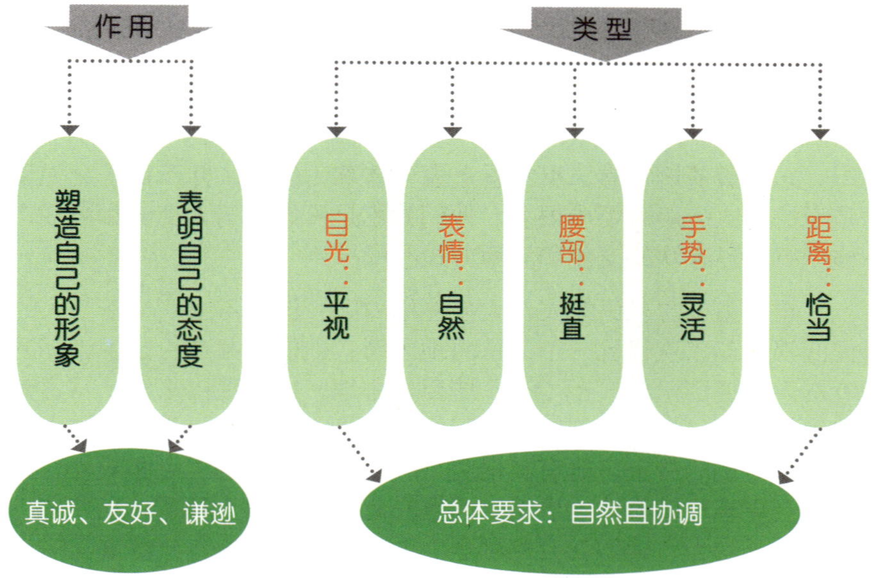

良好的仪态会让你的演讲更吸引人

在演讲时，除了慷慨激昂的言辞外，演讲者的仪态也会带给听众深刻的印象，例如“堂堂正正”或者“畏畏缩缩”的印象。

虽然个人的性格与平日的习惯对此影响颇大，不过一般而言，演讲者在演讲时要采用“轻松的姿势”。

要让身体放松，就不要过度紧张。过度紧张不但会表现出笨拙僵硬的姿势，而且对于舌头的活动也会造成不良的影响。

保持良好仪态的诀窍之一是张开双脚与肩同宽，挺稳整个身躯；另一个诀窍是想办法扩散并减轻施加在身体上的紧张情绪，例如将一只手稍微插入口袋中，或者手触桌边，或者手握麦克风等。

14 把握说话的时机

由于每一个人每一次说话的主题、对象、场合等均不相同，说话的最佳时机，也不能一概而论。

比如，在公司开会，大家讨论的是同一个议题，如果你第一个发言，虽然能够给别人造成先入为主的印象，但由于时间还早，气氛难免显得沉闷，大家的情绪还没有调动起来，即使你讲得头头是道，大家也未必叫好。如果到了最后再讲，虽然能够吸收别人的成果，进行有效的归纳整理，讲得井井有条，或针对别人的漏洞，发表更为完善的意见，可是因为讨论的时间太久，很多听众会感觉疲倦，所以这个时间发言也难以达到自己想要的效果。总结发现，这样的场合，最好的发言机会是在第二或第三个人发言之后，及时切入话题。这个时候，说话的气氛已经活跃起来，只要你的讲话有真知灼见，就一定能够引起大家的关注。

又比如你是去求人办事，无论办什么事，也不管求什么样的人，如果对方情绪不好，甚至正好在气头上，你若冒冒失失地开口，一方面，对方由于情绪不稳定，大脑思维也不正常，很难听明白你的意思，显然帮不了你；另一方面，当事人之所以情绪不好，肯定是遇到了困难，此时，他尚且自顾不暇，就算听明白你的意思，大概也不可能全力帮你。遇到这样的情况，最好及时打住求人的念头，另找合适的时机。

善于把握说话的时机，主要从三个方面入手：首先是时间，要求该说的时候说，不该说的时候不说；其次是话题，该说的事情就说，不该说的事情不说；再次是对象，对该说的人说，对不该说的人不说。

我们除了需要把握和捕捉说话的时机之外，还要善于创造说话的时机。比如，同样是求人办事，假如你正遇上所求的人情绪不稳定、心情不好，你可以先帮助对方解决问题，使对方的情绪稳定、心情好转之后，再求助于对方。你也可以分散对方的注意力，逗对方开心，只要对方的心情愉快，什么事情都容易达成。

再如，参加大型的演讲，听众的情绪不够高涨，会严重影响演讲的效果。如果你意识到这点，就应该先以无关紧要的话语，活跃现场的气氛，带动听众的情绪和积极性，然后再切入正题。

说话的时机

把握时机

- **时间**：该说的时候说，不该说的时候不说。
- **话题**：该说的事情就说，不该说的事情不说。
- **对象**：对该说的人说，对不该说的人不说。

创造时机

另选时间，转移话题，改变对象。

隆中對

诸葛亮（181年—234年），字孔明，号卧龙，琅琊阳都（今山东临沂市沂南县）人，蜀汉丞相，三国时期杰出的政治家、战略家、发明家、军事家。在世时被封为武乡侯，谥曰忠武侯，后来的东晋政权为了推崇诸葛亮的军事才能，特追封他为武兴王。代表作有《前出师表》、《后出师表》、《诫子书》等。发明木牛流马、孔明灯等。

刘备（161年—223年），即蜀汉昭烈帝，字玄德，涿郡涿县(今河北涿州)人，据说是汉中山靖王刘胜的后代，三国时期蜀汉开国皇帝，政治家，公元221年～223年在位。谥号昭烈帝，庙号烈祖。

《隆中对》是指中国东汉末年诸葛亮与刘备初次会面的谈话内容，因发生于湖北隆中（今湖北襄阳一带），因此后世称为《隆中对》。

历史上，诸葛亮和刘备的《隆中对》，堪称把握说话时机的经典。因为，在此之前诸葛亮太年轻，对天下大势的认识未必透彻；其次，刘备三顾茅庐，求贤若渴的心情无以复加；再次，诸葛亮的对策，完全是为刘备量身定做。

《隆中对》中，诸葛亮为刘备分析天下形势，提出先取荆州作为立足之地，再取益州成鼎足之势，继而图取中原的战略构想。三顾茅庐之后，诸葛亮出山成为刘备的军师，刘备集团之后的攻略皆基于此。

15 把握好说话的分寸

世间的任何事情，都应该有一个限度，超过这个限度，事情的性质就有可能发生变化，甚至走向反面。比如，做人应该谦虚，但假如超过限度，过于谦虚，就会被视为虚伪。说话也应该有一个限度，要把握好分寸。

三国时期的杨修，聪明才智少有人及，最后却被杀害，完全是因为祸从口出，一点都不知道说话的分寸。第一次，曹操在园门上题一个“活”字，别人不解其意，杨修将其拆穿，曹操已经不高兴了。第二次，曹操在酥上写一个“盒”字，杨修便将别人进贡给曹操的酥一人一口分食了。老实说，此时曹操已经有了杀杨修的念头，但杨修还浑然不觉。最后，曹操久战无功，以“鸡肋”作口令，杨修将曹操的隐秘心思四处宣扬，这样，曹操就有了杀杨修的充足理由——扰乱军心！其实，聪明对一个人并不是坏事，但假如把聪明拿来炫耀和卖弄，就肯定不是好事。

从杨修的不幸，我们可以得出一个结论：把握说话的分寸，首先要正确认识自己的身份地位。在讲究尊卑礼仪的环境里，有些身份绝对不能混淆。如子女和父母，下属和上司。如果混淆身份，轻则被人视为没礼貌，重则就是僭越，都不可能有好的结果。

其次，把握好说话的分寸，说话要尽可能客观。客观，就是尊重事实，把事实的真相说出来。因为只有真话才能经得起任何方式的检验。再次，把握说话的分寸，说话要满怀善意。只要心怀善意，即便偶尔说错，也不可能造成过于严重的后果。

在这三个大的原则下，说话有分寸需要贯彻到说话的所有环节中。

如风趣幽默的说话风格，几乎是所有人都喜欢的，但也需要有分寸，否则，为幽默而幽默，就会沦为低俗。如见面赞美别人，原本是不错的说话技巧，但如果赞美超过一定限度，就成了刻意讨好别人。

很多时候要求说话要含蓄，但过于委婉含蓄，别人反而无法听清楚你想要表达的真正意思，难以实现交流沟通的目的。说话有分寸，就是把自己的话说得恰到好处，根据实际情况，灵活地掌握说话技巧。

把握好说话的分寸

首先：要明确自己的身份地位，特别在讲究尊卑、长幼的场合，更要注意。

其次：说话要尽可能客观，才能经得起任何方式的检验。

再次：说话要怀有善意，即使偶尔说错，也能获得原谅。

→ 根据实际情况的需要，灵活机动地掌握和运用好的说话技巧和方法。

开玩笑

有个人突然剃了光头，一位同事拿他的光头开玩笑说：“你的光头，看起来好像天上圆圆的月亮！”
剃了光头的同事摸了一下自己的头说：“我摸起来的感觉更像！”

16 要有亲和力

在说话这门艺术中，亲和力就是指别人在心里乐于听你说话。说话是主客体之间的双边活动，如果缺乏亲和力，对方连你说的话都不愿意听，你说什么话，对方也没听进去，沟通交流的途径就不能畅通，说话的目的就无法实现。

想要让自己说话的时候具有亲和力，必须先培养自己待人处世的亲和力。首先，要对自己有深刻的认识。只有正确认识自己，看清楚自己的优点和长处、缺点和不足，才能看到别人的优点和长处，才能尊重别人、包容别人。当你处处尊重别人、包容别人的时候，自然能够得到对方相应的回报，尊重你、包容你。愿意和你交往，乐于听你说话。

其次，要存感恩之心。受人滴水之恩，当以涌泉相报。在你需要帮助和支援的时候，有很多的好心人无私地帮助你，不管别人为你付出多少，都是一片善意，都应该存感恩之心。有了感恩之心，当别人需要帮助和支援的时候，你也会无私地帮助别人。人同此心，心同此理，这样就能形成人际交往的良性循环。

只要待人处世具有亲和力，再落实到说话的亲和力培养，就会简单容易许多。

说话之前，大多要与人握手，此时，不妨多握一会儿。这多握一会儿所传递的，不仅是自己手掌的厚度和温度，还有自己的诚意。

坚持在某人背后说他的好话，别担心这个人听不到；不要在某人背后说他的坏话，当有人说某人坏话时，你的脸上只是保持微笑。

尊重你身边的每一个人，特别是你不喜欢的人和地位比你低的人。同时，多做自我批评，少做，甚至不做自我表扬。

不吝惜为别人喝彩，要善于聆听别人的讲话。在人多的场合尽量少讲话。

讲话的时候少用“我”，要多用“你”、“我们”。在说到对方的话题时，多用肯定性的语气，在阐明自己的观点和主张时，多用商量的语气。

说话要有亲和力

说话要有亲和力		
前提和基础	认识别人，尊重别人，别人也会尊重你。
	存感恩之心，帮助需要支援的人。
提高和表现	说话前与人握手，不妨多握一会儿。
	在背后只说别人好话，不说别人坏话。
	尊重身边的每一个人，多做自我批评。
	不吝惜为别人喝彩。
	善于聆听别人讲话。
	人多的场合尽量少讲话。
	多用“你”、“我们”和肯定、商量的语气。

亲和力的培养	
尊重别人	尊重别人，别人也就尊重你，尊重别人其实就是尊重你自己。
乐于助人	做到“雪中送炭”，会让受助者心中存有感激，并把你视为真正的朋友。
心存感激	经常对别人的帮助心存感激，在工作中就会觉得轻松，因为会感受到别人的相伴和鼓励；你在享受生活赐予的甜蜜时，要想到，或许有人正在为你辛劳地付出。

没经过我同意

凌峰在一次大型晚会上自嘲说：“一般说来，女观众对我的印象不太好，有的女观众对我的长相已经到忍无可忍的地步，她们认为我是人比黄花瘦，脸比煤球黑。但是，我要特别声明：这不是我的错，实在是我父母的错误，当初没经过我的同意就把我生成这个样子……”

凌峰，1945年生于山东青岛市，长于台湾，1985年获得台湾第二十届金钟奖最佳男歌手奖。

17 听懂弦外之音

所谓听懂对方说的话，就是要求听清楚对方说的每一句话，完全明白对方话里的准确意思，而不是似懂非懂，也不是一知半解，更不是断章取义。由于交流沟通的对象千差万别，受学识修养、脾气性格、说话方式的影响，有的人说的话简单通俗、语意直接，不管是谁，一听就能明白。也有一些人，说话的方式比较委婉含蓄，大致一听，未必就能明白他们话里的真正意思，倘若因此误会别人的意思，甚至完全曲解对方的意图，交流和沟通就难以取得自己想要的结果。

在家里，老公说话常常比较直接，心里怎么想就怎么说，妻子往往比较含蓄，嘴里说的未必就是心里想的。如果老公不善于聆听妻子的弦外之音，轻则影响夫妻生活的情趣，严重的还会影响双方的感情。假如妻子向老公提出某个要求之后，再补充一句：“没关系啦！你决定就可以！”做老公的千万不要理解为妻子的要求不重要，无论自己怎么做，妻子都不会介意。通常情况下，妻子的真正意思是：“你要是不把这件事处理好，等一下你就惨了！”又如，夫妻一同到外面吃饭，老公问妻子吃什么，妻子回答：“随便。”此时，做老公的千万不能随便。越是随便，妻子会越不满意。

在工作中，无论同事，还是上司，说话都比较委婉含蓄，特别是对于入职时间不长的年轻人，一定要善于聆听他们话语之中的弦外音。千万不要被他们的表面语言所迷惑。

当你求别人帮忙办某件事的时候，对方可能先要对你说一大篇好话，肯定你的要求具备正当性、合理性。在说完所有好话之后，对方突然会对你说：“但是……”你千万不要被他前面的一大堆好话所迷惑，也不用揣摩对方“但是”后面找出的是什么理由，总之，结果是对方什么忙也帮不上。这种情况在生活中很多，只要有了一个转折词，前面所说的一切就不太重要，后面的话，才是对方要表达的核心意思。

要听懂别人话里的弦外之音，关键在于认真观察，用心揣摩。平时相处的时候，认真观察对方的脾气性格、说话方式。交流沟通的时候，用心揣摩对方的前后语意，力求去伪存真，听懂对方的弦外之音。

办公室里的弦外之音

同事或上司

嘴里说你		弦外之音	
嘴里说你	我不确定这样是不是能够实行	弦外之音	这根本行不通
嘴里说你	或许你可以去询问一下别人的看法	弦外之音	没有谁会认同你
嘴里说你	思维敏捷	弦外之音	能迅速找到借口
嘴里说你	具有极佳的口才	弦外之音	能瞎掰
嘴里说你	这看起来好像很有意思	弦外之音	什么东西都不懂
嘴里说你	善于社交	弦外之音	只会喝酒而已

就像在家里一样

就像在家里一样

火车车厢里，一个男人问坐在身旁的一位女士：“请问，我能抽烟吗？”

女士很友好地说：“你就像在家里一样好了。”

只见男人把烟重新放回口袋，叹了口气，说：“还是不能抽。”

男生：如果你愿意嫁给我，以后只要你喜欢，我都会买给你。

女生：呵呵……，请问你是“金多多”先生吗？

18 善用隐含判断

隐含判断，是一个逻辑学概念，就是指由于种种原因不便明言，而意在言外的判断。隐含判断在现实生活中的运用非常广泛，如此前所述，说话之前要听懂别人的弦外之音，其实就是要找寻别人话里的隐含判断。

举个简单的例子。在一家高级餐厅里，一位顾客坐在餐桌旁，很不得体地把餐巾系在脖子上。餐馆的经理见状，叫一个服务生过来，对他说：“你去让这位绅士把餐巾拿下来，说话要尽量委婉。”服务生来到那位顾客的桌旁，有礼貌地问：“先生，你是想刮胡子，还是理发？”那位顾客愣了一下，马上明白对方的意思，不好意思地取下餐巾。

如果服务生过去，直接让客人把餐巾取下来，就会显得呆板、生硬，即便讲明是餐厅的规矩，也难免会令客人尴尬和不快。而他这样说，既风趣幽默，又顾全客人的面子，还收到了极好的效果，何乐而不为呢？这里，服务生的话也包含了一个隐含判断：刮胡子和理发时才需要把毛巾系在脖子上，现在对方不是刮胡子又不是理发，所以不应该把毛巾系在脖子上。客人听懂他的弦外之音后，当然就会自觉地把餐巾取下来。

在现实生活中，需要委婉含蓄地表达自己思想和意愿的地方很多。比如，对方是你交情很好的朋友，当对方对你提出难以满足的要求时，直接拒绝，难免显得无情，采用隐含判断的方法，既委婉含蓄，又风趣幽默，不失为一种极佳的办法。

美国著名的总统罗斯福曾经在海军担任要职，有一次，一位非常要好的朋友想从他那里打听美国海军在一个岛上建军事基地的计划。他谨慎地向四周看了看，问那位朋友：“你能保守秘密吗？”那位朋友回答说：“能！”罗斯福说：“我也能！”那位朋友明白罗斯福的心意，便不再为难罗斯福。

又如，在一些特殊的场合，即便是辩论，也需要温文尔雅，当对方以隐含判断的方式为自己设下陷阱的时候，自己不可失了身份，反而可以利用“以其人之道，还治其人之身”的方式回绝。

善用隐含判断

客人把餐巾很不得体地系在脖子上 → 服务生：你是想刮胡子，还是想理发？ → 隐含判断 → 餐巾不应该系在脖子上

要看爸爸是谁

肯尼迪（1917年5月29日—1963年11月22日），毕业于美国哈佛大学，美国第三十五任总统，1963 年11月，在得克萨斯州达拉斯市遇刺身亡。

卡洛琳是美国前总统肯尼迪的女儿，肯尼迪的父亲约瑟夫对他说："卡洛琳比你小时候聪明多了。"
肯尼迪说："是呀，卡洛琳真的很聪明。不过，得看她爸爸是谁？！"

提问的巧妙之处

一家饭店招聘服务员，经过一番筛选，最后留下两位年轻女孩竞争。所以，主管决定让两个女生PK一番。

两人PK的题目是向顾客推销冰淇淋。两位女孩换好工作服后，就来到餐厅准备工作。

其中一位女孩走向一桌客人，客气地询问："您好，请问您餐后需要冰淇淋吗？"
那位顾客回答说："不需要，谢谢。"
女孩失望地走开了。

另一位女孩走到一桌客人面前，微笑着询问："您好，请问您餐后需要一球冰淇淋还是两球呢？"
顾客先愣了一下，然后回答说："先来一球好了！"

19 赞美人的技巧

每个人都希望得到别人的承认和肯定，每个人都希望被赞美。赞美对于每个人来说心里会觉得很美，但赞美又绝不是一件容易的事，需要讲究方法和技巧。

赞美，有一个总的原则性技巧，包括以下几个方面：第一，因人而异。每个人都是独立的个体，喜欢和乐于接受的赞美内容和方式不同。第二，情真意切。只有情真意切，才能感人肺腑。第三，翔实具体，越是具体，显得越真实诚恳。第四，合乎时宜，不合时宜的赞美，非但无功，甚至得过。第五，雪中送炭，不可锦上添花。

由于个体之间存在差异，赞美人的针对性技巧就有不同的侧重点。从性别的角度看，所有的说话对象不外乎男、女两性，我们先简单地说明一下赞美男人和女人的不同技巧。

赞美男人，首先要着眼于事业。由于社会分工和传统习惯的影响，男性往往比女性承担着更多的社会责任，唯有成功的事业才能和他们肩上的责任相匹配。因此，赞美男人应该先从赞美他们的事业入手。不管对方从事的是何种职业，也不管他在职业领域的成就大小，都应该尊重他的事业，由衷赞美他的事业。

赞美男人，其次应该赞美他们的胸襟和风度。男人都比较好面子，即便是平常喜欢斤斤计较的男人，也不喜欢被人看作心胸狭隘，只要你赞美他的博大胸襟和绅士风度，接下来他也不会和你锱铢必较了。

赞美男人，最后不要忘了赞美他的家庭。赞美他的老婆漂亮，意味着他本人有魅力；赞美他的儿子聪明，意味着虎父无犬子、后继有人。

赞美女人，首先从外表入手。女人大多感性甚于理性，赞美对方的外表，总能赢得对方的欢心。即使对方的外表不一定特别漂亮，只要你有一双善于发现美的眼睛，就能一眼看见对方身上诸如气质、服饰搭配等方面的闪光点。

赞美女人，其次要赞美她的家庭。赞美她的老公，等于赞美她的眼光和智慧；赞美她的孩子聪明、乖巧，无疑肯定她是贤妻良母。

赞美人的技巧

赞美男人		赞美女人
赞美他的事业	首先	赞美她的外表
赞美他的胸襟和风度	其次	赞美她的家庭
赞美他的家庭	再次	赞美她的品位

你是个守信的人

比尔是一家房屋公司的经理，最近他遇到一件非常棘手的事：一位房客签了一份租约，还有四个月才到期，但他却坚持要搬走，而按照合约，他依然要支付四个月的租金。但房客却说："我都不住在这里了，为什么还要付钱呢？"

比尔知道这件事后，心里想："我不能因为这点小事请律师，况且现在正是房屋出租的淡季，房客搬走后，房子就很不容易租出去。"

经过一番深思熟虑，比尔准备找房客谈谈，他说："先生，根据我的观察和判断，你是一位非常讲信用的人，你绝对不会做出违背合约的事情。"

房客听到这一席话，陷入了沉思，比尔接着说："现在我有一个建议，你再考虑一下，如果到下个月一号交房租时，你还是坚持要搬走，那么我也不会阻止你……当然，我相信你不会这样做……"

听完这番话，房客沉默片刻，说："比尔先生，我接受你的建议，下个月一号我再告诉你我的决定。"

时间很快就到了，这天房客主动找到比尔说："你好！我已经和太太商量过了，决定继续住下去。因为我觉得按照合约的规定来做事，是非常光荣的。"

20 批评人的技巧

批评和赞美是一对反义词，但在说话这门艺术里，两者不过是两种与人交流沟通的不同方式而已，赞美侧重于一个人的优点和长处，批评侧重于一个人的缺点和不足。

赞美人需要讲究方式和技巧，批评人同样不能草率从事。批评人，无论对象是谁，首先要正确认识。批评人既不是自己一个人发牢骚，也不是抱怨对方，更不是为了贬低对方，而是通过交流和沟通，让有缺点和不足的人改正缺点和不足，帮助对方不断进步。古语云：“闻过则喜。”因为受到诸多主客观因素的限制，很多人难以发现自己身上的缺点和错误，批评就是指出对方的缺点和错误，并让对方能虚心接受。

其次，要有理有据。批评人，不管是家长对孩子，还是老师对学生，抑或上司对下属，都应该做到有理有据。所谓有理，就是对方的行为确实存在缺点或不足，确实不符合大家公认的行为规范和标准。有据，就是对方的确有行为过错的事实，并非是自己的臆想，也不是自己道听途说得来的。

再次，要注意时间和场合。闽南语中有一句俗谚说：“吃紧弄破碗”，如果过于心急，让对方自我反省就有一定难度，同时，自己也有可能在判断上出现偏差；搁置时间长了，对当事人改正缺点和错误不利。因此，时间上要恰到好处。至于场合，首先要面对面，背地里说对方的缺点并不是批评，而是讲别人的坏话；其次要避开人多的场合，最好是单独进行，以免伤及对方的面子。

再其次，要公正无私。要心平气和地和对方摆事实讲道理，就事论事，不可将事情扩大化；要给对方辩解的机会，不能依靠自己的权势地位压制对方。只有这样，对方才会心服口服，否则，要是对方只是口服而心不服，不仅于事无补，还有可能激化双方的矛盾。

最后，要为对方着想。对方虽然存在缺点和不足，即使犯了很大的错误，甚至造成了大的损失，但对方是一个人格独立的人，需要被理解和尊重。所以，批评人的时候，态度要和蔼，语气要亲切，要尊重对方的性格特点和心理需求，最为重要的是，要相信对方、鼓励对方，帮助对方迅速摆脱阴影，不断取得进步。

批评人的技巧

- 首先：正确认识
- 其次：有理有据
- 再次：注意时间和场合
- 再其次：公正无私
- 最后：为对方着想

和对方交流沟通，帮助对方进步

有时候，鼓励比批评更重要

倍德福是洛克菲勒的合作伙伴。他曾经在南美洲做了一笔生意，由于决策失误，使得美孚石油公司亏损了一百万元。

倍德福怀着忐忑不安的心情走进办公室时，发现洛克菲勒的表情非常镇定，他正伏在桌子上，用铅笔在一张纸上写字。洛克菲勒看到倍德福后，用平静的语气说："倍德福先生，我想你已经明白为什么会亏损，所以在叫你进来之前，我做了一些笔记。"

倍德福感到很纳闷，为什么洛克菲勒没有责备自己呢？他到底在纸上写了什么呢？难道是让我辞职的理由吗？……

过了一会儿，当倍德福走出办公室时，感到心情无比舒畅，而且他还暗下决心，今后要更加努力地工作，弥补这一次的损失。

为什么倍德福会有这样的感受呢？原来，洛克菲勒在纸上写着："倍德福曾经为公司所做的贡献……"下面是倍德福一大堆优点。他夸奖倍德福曾经为公司做很多贡献，带来的收益远远超过这次的损失。
洛克菲勒不但没有对倍德福大发雷霆，而且还给予他很大的鼓励。

21 说服人的技巧

说服别人，是有志于说话这门艺术的人必须迈过的第一道门槛。很多时候，为了工作上的事情，要说服上司、同事或者下属；为了家里的事务，要去说服家人；为了得到他人的帮助，要去说服朋友；为了让人接受自己提供的产品或服务，要去说服客户；为了实现自己的主张，要去说服观点和自己不太一致的人。诸如此类，生活中需要说服别人的地方比比皆是。

每个人都有自己的思想观点，因此想要说服一个能够独立思考、有自己独到想法的人，接受与自己初始想法不太一致的观点和主张，并不是一件容易的事情。

想说服别人，首先要认真倾听，掌握对方最真实的想法。只有完全明白自己和对方思想、观点、主张的相同之处和不同之处之后，说服才能有的放矢，才能站在对方的立场思考问题，寻找出双方产生分歧的症结所在，才能明白双方思想、观点、主张的优劣长短，从而进行有效的说服。

想要说服别人，就要尊重对方，从双赢的原则立场出发。每一个人的思想、观点、主张，都有一定的合理性，说服别人放弃自己的想法，需要在晓之以理的同时，动之以情，给对方足够的心理安慰；需要诚恳友善的态度、委婉动听的语言，争取到对方足够的信任；需要对方确信在听从你的思想、观点、主张之后，自己不会有损失，反倒有更大收获。

想说服别人，就要选取适当的时间和场合。既要精心安排，又要顺其自然。尽量减轻对方的心理压力，使对方在平和的心境、理智的思维状态下，和自己交流沟通。

说服别人，还需要有理有据、有礼有节。阐释自己的主张之时，最好有准确的资料、详尽的细节，尽量增强自己的说服力。当对方处于强势地位时，不妨故意示弱，以柔克刚。

当自己尽最大的努力，仍然无法说服对方时，最好反省自己，看自己的主张是否真的有问题，假如的确是自己错了，就该说服自己，接受对方的意见。

说服人的技巧

认真倾听，掌握对方内心深处最真实的想法。 → 要尊重对方，从双赢的原则出发。 → 选取适当的时间和场合。 → 要有理有据、有礼有节。 → 发现自己的思想、观点、主张有误，不妨说服自己，接纳别人。

让你的话更有说服力

- 熟悉讲话的内容，发言要生动、透彻，以权威的腔调讲述。
- 使用简单的词汇和简短的句子，更便于对方理解。
- 不要提及一些琐碎或者没有什么价值的小事，以免扰乱听众的心思。
- 说话要直截了当、中肯。
- 对待听众不可盛气凌人。即使你是某个专题的权威人士，你也没有任何理由可以盛气凌人地对待听众。
- 要有外交手腕及策略。指在适当的时间和地点去说适当的事情，又不得罪任何人的一种能力。
- 要为你的听众提出最好的建议，不要为你自己提出最好的建议。
- 要开诚布公地回答所有问题。

用事实说服人

爸爸：“你怎么大白天还开着灯？”
儿子：“这是你早晨上班前忘记关了。”

爸爸：“你发现了，为什么不关掉？”
儿子：“您不是经常教我要用事实说服人吗？”

22 演讲是最具艺术性的说话

从广义上讲，凡是以多数人作为听众的讲话都是演讲。在家里，和家庭成员讨论一些日常的小事情；在部门，和几个同事闲聊；在其他场所和朋友聚会等，只要自己的讲话能够吸引大家的注意力，都可以称之为演讲。

我们通常所说的演讲，是狭义的演讲，指在公众场所，以有声语言为主要手段，以体态语言为辅助手段，针对某个具体问题，鲜明、完整地发表自己的见解和主张，阐明事理或抒发情感，进行宣传鼓动的一种语言交际活动。这一类演讲，又称为演说、讲演。

演讲的种类很多，可以按照不同的标准进行分类。按内容可分为政治演讲、学术演讲、管理演讲、交际演讲，按形式可分为命题演讲、即兴演讲、论辩演讲，按风格可分为激昂型演讲、深沉型演讲、严谨型演讲、活泼型演讲，按方法可分为陈述型演讲和说服型演讲。

演讲优于一切现实的口语表现形式，它要求演讲的人摒除一般讲话中杂乱、松散、平板的因素，以一种集中、凝练、富有创造色彩的面貌出现，所以是最具艺术性的说话形式。另外，演讲还具有社会性、现实性、综合性、逻辑性、针对性、感染性等特征。

演讲作为语言表达（即说话）的高级形式，无论对个人，还是对社会，都有非常重要的作用。主要表现在：对演讲者个人，能够帮助自己迅速提高学识修养和个人能力，能够帮助自己建立融洽和谐的人际关系，能够促进自己为社会多做贡献；对于社会，一是真理的启迪，二是情感的激发，三是知识和信息的传播， 四是艺术美感的熏陶， 五是匡扶正义、抵制邪恶，六是唤起听众的行动，共创美好明天。

每个人的智慧和能力需要不断地提高，社会需要不断地发展进步，演讲的作用和地位越来越凸显，想要把话说好的人，想要掌握说话这门艺术的人，想要成就非凡事业、实现生命价值的人，都应该把掌握演讲技巧、提高演讲能力作为自己矢志不渝的追求。

鉴于如此大的作用，演讲在当今社会已经发展成为一门相对独立的学问，本书接下来将重点介绍与演讲有关的必备技巧和方法。

关于演讲

概念 → 以有声语言为主要手段，以体态语言为辅助手段，针对某个具体问题，鲜明、完整地发表自己的见解和主张。

性质 → 艺术性、社会性、综合性、逻辑性、目的性、感染性

分类
- 按内容分 → 政治演讲、学术演讲、管理演讲、交际演讲
- 按形式分 → 命题演讲、即兴演讲、论辩演讲
- 按风格分 → 激昂型演讲、深沉型演讲、严谨型演讲
- 按方法分 → 陈述型演讲和说服型演讲

作用
- 个　人 → 提高修养和能力，建立融洽和谐的人际关系，为社会多做贡献。
- 社　会 → 真理的启迪，情感的激发，知识的传播，艺术的熏陶，端正思想，唤起行动。

丘吉尔的演讲

1948年，丘吉尔应邀到牛津大学作一场关于“成功秘诀”的演讲。那天，听众人山人海，各大新闻机构也闻讯赶到。

丘吉尔上台之后，用手势止住了大家的掌声，说：“我的成功秘诀有三个：第一是，绝不放弃；第二是，绝不，绝不放弃；第三是，绝不，绝不，绝不放弃！我的演讲结束了。”

说完他走下讲台。会场上沉默了片刻，随即爆发出如雷的掌声。

写作演讲稿的技巧

- **第一** → 要了解演讲对象，内容说得有凭有据。
- **第二** → 要确立主题，做到观点鲜明、感情真挚。
- **第三** → 风格独特，形式多样。有起有伏、有张有弛，有强调、有反复，有比较、有照应。
- **第四** → 语言 → 要口语化、要通俗易懂、要生动感人、要准确朴素。
- **最后** → 精益求精。遵照初稿一修改一试讲一再修改一再试讲的步骤，直到趋于完美。

23 开场白的技巧

演讲的开场白，是沟通自己和听众之间的第一座桥梁，承载着拉近和听众之间关系、在听众中建立起信任、吸引听众兴趣的三大重任。为了确保任务的完成，开场白不能过于冗长；不能使用被别人常用的言词，既不能装腔作势，也不能过分谦虚；对听众要一视同仁，即便在座的听众中有声名显赫之人，无论高官，还是巨富，都不能特别对待。

好的开场白，需要精心的设计。要根据自己演讲的主题、演讲的对象、演讲的环境，选取最恰当的方式。

第一种，妙语如珠，石破天惊。演讲的目的是要把自己的思想、观念灌输给听众，为了实现这一目的，演讲者从一开始就要扮演好主导者的角色。普通的陈词滥调，大家平常都听厌了，难以激发起强烈的兴趣。倘若能够独出心裁，语出惊人，听众自然会为之动容。

第二种，自嘲开路，幽默搭桥。演讲者在开场白里都应该做自我介绍，如果只是四平八稳地说出自己的姓名、职业、演讲主题，很难给听众留下深刻的印象，也很难一下子就抓住听众的心。换用自嘲的方式介绍自己，就能在风趣幽默中快速拉近自己和听众之间的距离。如胡适先生曾在一次演讲时这样说：“我今天不是来向诸君作报告的，我是来‘胡说’的，因为我姓胡。”既巧妙地介绍自己，又表现了胡适先生的谦逊，还活跃了场上的气氛，可谓“一石三鸟”。

第三种，即景生题，巧妙过渡。只要是有利于拉近和听众之间距离、有利于激发听众兴趣的，即便是眼前的一草一木、一人一事，都可以利用。如“今天天气不太好，阴沉昏暗，但我们却在这里看到了一片光明”。这样的开场白，既亲切自然，又意味深长。

第四种，讲述故事，顺水推舟。这种开场白与平铺直述的开场白比较起来，故事的趣味性更强，更能吸引听众的注意力。

第五种，制造疑问，激发兴趣。每一个人都天生好奇，制造疑问的开场白能让听众的神经紧张起来，让他们的思维步伐紧跟你演讲的节拍。

除上述之外，根据实际需要，开场白的方式还可采取不吝赞美、巧妙设问、引用名言、笑话幽默等。

关于演讲

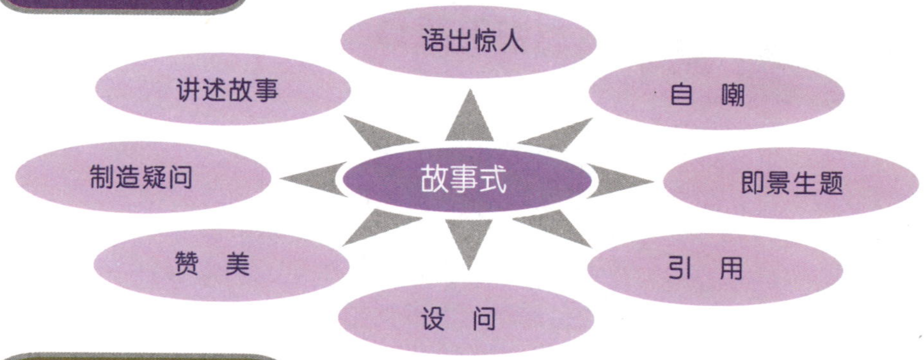

常见的开场类型

故事式	详解	以一个与演讲主题有密切关系的故事或事件开场。
开宗明义式	详解	即开门见山，用精练的语言交代演讲意图或主题。
幽默式	详解	以幽默、诙谐的语言或事例作为演讲的开场白，它能使听众在轻松愉快之中很快进入演讲者的角色。
疑问式	详解	疑问能激发听众的好奇心，能促使听众快速进入演讲者的主题框架。
强力式	详解	把要论及的内容加以适度夸张以引起听众的高度重视。
引用式	详解	直接引用别人的话语作为引出自己的演讲主题的铺垫和烘托，以唤起听众的注意。

博得好彩的演讲开场白

有一个人，在他的演讲开场时，他这样说道：“这个世界上，我欣赏的有以下几类人：第一类人，是有理想的人，如果您是的话，请举手认识一下；第二类人，是想赚钱的人，如果您是的话，请举手认识一下；第三类人，是有责任感的人，如果您是的话，请举手认识一下；第四类人，是有使命感的人，如果您是的话，请举手认识一下；第五类人，是听到好的演讲会热烈鼓掌的人，如果您是的话，不用举手，热烈鼓掌就可以了。”

24 制造高潮的技巧

演讲都具有非常明确、非常强烈的目的性，而这一目的性，需要通过制造演讲高潮来实现和完成。演讲高潮既是演讲者思想最深刻、感情最激昂的时刻，又是听者情绪最激动、精神最振奋的瞬间。有了高潮，演讲方可最充分地表现其审美价值，进而产生最大的感染力和说服力。作为口语艺术的最高形式，演讲的高潮常出现在演讲即将结束的时候，给人一种戛然而止却又回味无穷的享受。

一次成功的演讲，无论之前做多么充分的准备，无论说多少话，无论做多少渲染和铺陈，无论动用多少艺术手段，都是为制造演讲的高潮，所有的一切，都是为了蓄势待发，使自己的思想、情感能够得到最充分的展现，都是为了给听众最强烈的心灵震撼和感召。

为了制造演讲的高潮，顺利实现演讲的目的，“蓄势”作为方法和手段，是必需的。至于以什么样的形式“蓄势”，则可以根据实际的需要区别对待、灵活选择。

其一，欲扬先抑。扬，即褒扬；抑，即贬抑。为了褒扬自己的某一观点，先设立一个与之相反的前提，通过层层铺垫，推导出其他观点的诸多弊端或错误，使自己观点和主张的优越性和正确性，能一览无余地突显在大家的面前，从而为演讲高潮的到来顺利蓄势。

其二，对比反衬。运用对比，可以形成强烈的反差，如真与假，善与恶，美与丑，都有普遍认可的社会标准，把泾渭分明的两种事物或现象，一同摆在大家的面前，能够给大家极强的视觉冲击和心灵震撼。

其三，铺陈渲染。世间的许多现象不是孤立存在，任何一个真理，都具有普遍的正确性和指导性。铺陈渲染，就是大量罗列和堆积类似或相关的事物和现象，以量变促成质变，为制造演讲高潮蓄势。

值得注意的是，演讲的目的需要最后的高潮来促成和体现，此前的所有努力都应该围绕这点来进行，但是，演讲是一个过程，在为最后高潮蓄势的过程中，应该有节奏的变换，还应该制造一个又一个的小高潮，在许多个小高潮的推波助澜之下，迎来最后的高潮。

制造演讲高潮的技巧

奥斯卡获奖演员的演讲

简·惠曼（1914年1月4日—2007年9月10日），出生于美国的密苏里州圣约瑟夫市，原名莎拉·简·福克斯。1932年进入电影界，获第二十一届奥斯卡最佳女演员奖，曾与美国前总统里根有过一段婚姻。代表作品包括《军校风光》、《女船主》、《约翰尼·贝林达》、《蓝色面纱》、《地老天荒不了情》。

雪丽·布思（1898年—1992年），出生在西尔玛福特，12岁起就在业余艺术家的剧本中出演角色。4年之后，她踏上自己的职业演艺生涯。1925年她首登百老汇舞台，与翰弗来·鲍嘉主演《地狱丧钟》。在百老汇默默奋斗近十年后，布思终于等到了她人生中第一个重要角色，她凭借1950年在舞台剧《兰闺春梦》中的演出，获托尼奖和纽约剧评人奖。1952年的电影版《兰闺春梦》是布思的电影处女作。她凭此一举荣获奥斯卡最佳女主角奖。

简·惠曼因在《约翰尼·贝林达》中成功扮演一位聋哑的母亲而获奖，她的演讲是：“我因为一言不发而获奖，所以，现在我最好还是缄口不言。”

雪丽·布思上台时走得太急，险些摔倒，她借题发挥说：“我经历了艰难的跋涉，才达到事业的巅峰。”

25 辩论的特点和形式

辩论，就是辩驳争论。即辩论双方对同一事物或同一问题，面对面地以口语的形式，用一定的理由来说明自己的观点和见解，揭露对方的谬误或矛盾，以便最后得到正确的认识或共同的意见。辩论和演讲同为口语表达的高级形式，都是艺术化的说话方式，二者的不同点在于，演讲是一个人的单方表演，辩论则是对立双方的斗智过程。

和其他的说话方式不同，辩论包括三个必备的要素。其一，存在持不同意见的双方或多方，如果只是一个人对不同的方案和做法进行选择和权衡，通常叫思辨，而非辩论。其二，无论双方辩论还是多方参与，针对的都是同一事物或同一话题，才能够因为观点不同而引发激烈的交锋。其三，参与辩论的双方，虽然针对具体事物或话题的观点不同，但在思想方法、推论方式、社会公理、真伪标准等方面，总有或多或少的类似和相同之处，这样才能使双方的辩论最终分出胜负，否则，要是双方没有共同认可的东西，辩论就会演化为无休止的争执。

日常生活中，无论和家人、朋友在一起，还是和同事、同学在一起，只要在场的人观点、意见有分歧，在主张各自的观点的同时，使别人放弃不同意见的现象，都是辩论。由于涉及的事物和问题无重大的利害关系，辩论双方或多方的意见容易达成一致，可以称为辩论的雏形。

稍高一级的辩论，是在公司里，为了实现一个既定的工作目标，同事之间各自提出自己的想法和思路，阐明各自主张的优势，力图让其他人放弃不同的意见和主张。由于利害关系更进一步，辩论的气氛相对紧张和严肃，但彼此的相同之处颇多，也比较容易达成一致。

更高一级的辩论，包括政治辩论和法庭辩论。政治辩论是政见完全不同的双方，各自围绕自己的政治观点和主张展开辩论；法庭辩论是控辩双方围绕被告人罪与非罪、罪轻罪重的辩论。这一类辩论，不仅利害攸关，而且双方尖锐对立，对辩论的方法和技巧要求极高。

辩论比赛区别于上述所有的辩论。它有既定的规则和章程，有规定的辩题，有权威的评判，有众多的观众，有直接的输赢结果，对辩论技巧的要求也最高。

辩论的特点和技巧

辩论特点

- 概念 → 双方对同一问题，面对面地以口语的形式，用一定的理由来说明自己的观点和见解，并得到正确的认识或共同的意见。
- 要素
  - 存在持不同意见的双方或多方。
  - 针对的都是同一事物或同一话题。
  - 思想方法、推论方式、真伪标准等方面有类似处。
- 形式
  - 雏形。日常生活中无重大利害关系的辩论。 → 技巧要求低
  - 稍高。同事之间为说服对方放弃主见进行的辩论。 → 要求有一定的技巧
  - 较高。政治辩论和法庭辩论。 → 技巧要求较高
  - 最高。辩论比赛。 → 技巧要求最高

辩论技巧

- 移花接木 — 解释：去除对方论据中的缺点，换上对我方有利的观点。
- 顺水推舟 — 解释：表面上认同对方的观点，顺应对方的逻辑来推导，推论中设置障碍，使对方观点不能成立。
- 正本清源 — 解释：对方论据与论题关联不强，进而矫正其论据。
- 釜底抽薪 — 解释：刁钻的选择性提问，能置对手于两难的境地。
- 攻其要害 — 解释：抓住对方立论中的要害问题，一路攻到底。

一百万年后见分晓

马克·吐温和比杰尔夫人是一对好朋友，却为有无灵魂的问题，发生激烈的争论。结果谁也说服不了谁。最后，比杰尔夫人讥讽地说："我的朋友，如果过了一百万年以后，我们又在天堂上相见了，你是否肯承认自己的错误呢？"

第二天，马克·吐温派人送一块小石头去给比杰尔夫人，上面写着："如果过了一百万年，事实证明你是对的，那么，我将公开地、坦率地、勇敢地面对着你那可爱的、带着嘲笑的小脸，承认自己的错误。"

26 避免无益争辩的技巧

在社会交往中，每个人都是相对独立的个体，都有着自己不同于别人的观点和看法，从居家琐事到国家大事，每个人都有自己独到的见解。遇到不同意见的时候，总会想尽办法阐明自己观点和主张的正确性，力图让别人放弃原有的主张、接受自己的意见。于是，辩论在所难免，而且随处可见。

每个人都有好胜之心，都希望在争辩中获得胜利。人同此心，心同此理，由于每个人都想推翻对方的看法，树立自己的观点，使得辩论和一般的说话有很大的不同。可以说，辩论作为带有“敌意”的语言行为，有的时候，非但不能让对方接受自己的观点和看法，还会给彼此造成极大的不愉快，进而影响自己的人际关系。对于类似的无益争辩，需要尽量避免。

为了尽量避免无益的争辩，首先要确认辩题的价值。辩论的过程，实际上是一个求知和探寻真理的过程。只有有价值的辩题，才值得我们为之付出努力，否则，对于一些鸡毛蒜皮、毫无价值的辩题，即便自己最终能获得争辩的胜利，也没有多大的实际意义，又何必吃力不讨好呢？面对这样没有价值的辩题，就算有人故意挑衅，也不要予以理睬，最好一笑置之。

为了避免无益的争辩，还要保持冷静的头脑、理智的思维。有些话题，诸如“先有蛋还是先有鸡”之类，永远都不会辨别清楚。对于这样的辩题，应该尽量回避。还有一类辩题，缺乏普遍性和公理性，大多和个人的情感、欲望、面子联系在一起，使双方在辩论的时候难以心平气和，难以客观公正。当然，一番辩论之后，最终也不会有好结果。

最后，为了避免无益的争辩，应该看清辩论的对象。辩论是敌对的，但也是平等的。只有双方本着相互尊重的态度，重事实、讲道理，辩论才会有理想的结果。否则，如果辩论双方地位相差太过悬殊，处于强势的一方，不是拿事实说话，不是以理服人，而是凭身份压人，辩论的性质就会被扭曲变形。还有一类人，心胸狭隘、性格粗暴，不遵守辩论的基本规则和大众逻辑，以大嗓门压人，或者恶意进行人身攻击，甚至在理屈词穷的情况下会动粗伤人，这样的辩论也应拒绝。

避免无益争辩的技巧

首先 → **确认辩题的价值。** 避免参与毫无价值的辩题争辩。

其次 → **保持冷静的头脑、理智的思维。** 避免参与缺乏普遍性和公理性辩题的争辩。

最后 → **看清辩论的对象。** 不和身份过于悬殊、个性太过霸道的人争辩。

争 辩

妻子怀疑老公有事骗她，于是质问老公：“说！你为什么骗我？”老公：“哪有啊！我骗你干什么？”

妻子：“我怎么知道你骗我要做什么？从实招来！”
老公：“真的没有啦！骗你对我有什么好处？”

妻子：“对喔！你有什么好处？说！”
老公：“没有任何好处。

妻子：“没有好处？！那为什么要骗我？”
老公：“……”

男朋友：你穿的上衣会不会太低胸了一点啊？

女朋友：还不是因为天气太热，难道你想我裹成粽子和你约会吗？

男朋友：你什么意思？我看你是故意要跟我吵！

女朋友：你这人真奇怪，衣服是穿在我身上，和你有关系吗？

27 应对诡辩的技巧

诡辩就是以任意的方式，凭借虚假的根据，将一个真的道理否定，或者将一个虚假的道理弄得像真理一样。针对同一个事物，或者同一个问题，真理永远只有一个。有的人，不是出于无知，而是根据特殊的需要，明知自己的观点和主张错误，但仍旧要想方设法颠倒是非、混淆黑白，以求别人认可和接受自己的错误观点和主张。

从本质上讲，诡辩和我们熟知的强词夺理、散布谣言、传播谬误均有不同。强词夺理和散布谣言是不需要理由、不需要依据，也不需要遵照逻辑规则的；诡辩则是表面上遵守逻辑和推理的规则，还为自己的错误论点寻找种种依据和理由，因而更具欺骗性，更能迷惑人。传播谬误的人，主观上不知道自己的观点错误，诡辩者明知自己的观点错误，却设法为其穿上貌似合理的外衣。

诡辩者惯常使用的伎俩，大致有以下几种：

第一，含糊其辞，模棱两可。故意违反论题要明确的原则，论点含混暧昧，似是而非。如一位算命先生替前来算命的人写了“父在母先亡”五个字，断句不同，意思就完全不同。

第二，偷换概念、偷换论题。就是偷偷改变一个概念的内涵和延伸意旨，使之变成另外一个概念。

第三，虚假论据。用编造的例证和错误的原理，论证错误的论题。

第四，循环论证。用论据证明论题，又用论题证明论据。

第五，以人为据。用对某人品德的评价代替对论题的论证。

第六，诉诸权威。用权威人士的个别言论代替对论题的逻辑论证。

第七，人身攻击。用攻击、谩骂代替对具体论题的论证。

第八，机械类比。故意把两个性质根本不同，或只是具有某种表面相同（或相似）的对象拿来作类比。

第九，以偏概全。是指故意用片面的、不充足的论据，冒充全面的、充足的论据去进行论证。

诡辩的惯常伎俩和应对技巧

伎俩	举例	办法
模棱两可	算命先生只写“父在母先亡”几个字，不做任何明确解释。	要求对方明确具体内容
偷换概念	旅客说：“这房间黑又闷，像监牢一样！”服务员说：“你当过犯人、住过监牢吗？”	明确指出其概念错误
虚假论据	假定2=1。教皇与罗素是两个人，既然2=1，教皇与罗素就是1个人，所以罗素是教皇。	指出其假定错误
循环论证	《圣经》上说神是存在的。由于《圣经》是神的话语，必然正确，所以神是存在的。	指出其实质性错误
以人为据	男：“我纯洁的爱情只献给你一个人。”女：“那么你不纯洁的爱情给了谁呢？”	以其人之道还治其人之身
诉诸权威	孟母三迁，成就了孟子，所以想要成才，就要搬三次家。	指出权威并不代表真理
人身攻击	海涅是犹太人，有个人说小岛上没有犹太人。海涅说：“我到小岛上，就有了！”	以其人之道还治其人之身
机械类比	母：“起来吧！公鸡叫了！”儿：“不关我事，我不是母鸡！”	指出本体和喻体的根本差别
以偏概全	希特勒好战，希特勒是德国人，所以德国人是好战的。	指出可疑的论点，加以推翻

28 雄辩的技巧

雄辩是诡辩的天敌。诡辩是明知自己的观点错误，却采取一切手段，企图证明自己的观点正确。雄辩是知道自己的观点正确，同时采取科学、合理的手段，来证明自己的观点正确。针对同一个事物或同一个问题，真理只能有一个，诡辩看起来头头是道，但在雄辩面前，就会原形毕露。所以，雄辩是挫败诡辩最有力的武器。

想成为一个无往不胜、受人尊敬的雄辩家，在思想上要藐视对手，在细节上则要重视对手。只要真理掌握在自己的手上，就不怕对手不择手段地诡辩，在思想上藐视对手，能够让自己获得充分的自信，无论在什么情势下，都能坚信自己能够最终击败对手。在细节上却要重视每一个对手，了解掌握对手的性格、思辨方式，以及惯常的伎俩。只有做到知己知彼，才能保证百战百胜。

其次，要善于随机应变。尽管真理掌握在自己的手上，但对手绝不可能因为这点就自动投降认输。他们会想尽办法争取胜利，特别是遇到诡辩高手的时候，他们的手段和伎俩只有你想不到的，没有他们做不出来的。因此，唯有随机应变、见招拆招，才能确保自己立于不败之地。

再次，要善于抓住时机。做每一件事情，都有一个最佳时机，论辩同样如此。只有在最佳时机，抓住对方的破绽，方能一举击败对手。否则，行动过早，时机尚未成熟，对方的破绽还没有露出来，就会无的放矢或打草惊蛇；行动过于迟缓，对方已经护住软肋，甚至已经确立胜势，局面就难以扭转了。

第四，要善于造势。论辩是一场没有硝烟的战争，气势决定胜负。倘若能够先发制人，一开始就在气势上压制住对方，不给对方任何机会，那固然最好。如果一开始双方势均力敌，甚至对手略占上风，就应先稳固防守，再步步紧逼，直到建立优势，取胜对手。

第五，要机敏快速、灵活多变。辩论场上，特别是高手对决，胜负常在转瞬之间。懂得说话艺术的人，在辩论的时候，固然有很多方法和技巧可供选择使用，但方法和技巧都是死的，只有人才是活的，生搬硬套肯定行不通，唯有机敏快速、灵活多变，才能所向披靡。

雄辩的技巧和表现方式

雄辩的技巧和表现方式

- 第一：研究对手 —— 在思想上藐视对手，在细节上重视对手。
- 第二：随机应变 —— 随机应变，见招拆招。
- 第三：抓住时机 —— 掌握最佳时机，抓住对方破绽，一击制胜。
- 第四：善于造势 —— 争取在气势上压制住对方，不给对方回旋的余地。
- 第五：灵活多变 —— 机敏快速，灵活多变。

雄辩者的反击

萧伯纳（1856年7月26日—1950年11月2日），爱尔兰剧作家，1925年，因为其作品具有理想主义和人道主义精神，获诺贝尔文学奖，是现代杰出的现实主义戏剧作家，也是世界著名擅长幽默与讽刺的语言大师。代表作品有《卖花女》、《魔鬼的门徒》、《巴巴拉少校》等。

有一次，瘦削的萧伯纳遇到一位身材肥胖的商人。商人想借机取笑他，便说：“人们看见你，就知道世界上现在正在闹饥荒。”

萧伯纳不慌不忙地回击，说：“人们看见你，就知道闹饥荒的原因了。”

虽然他只是在别人的话里加上几个字，但经过这样的改动之后，谁都能读出话中对商人唯利是图、为富不仁、奸诈狡猾的无情揭露与针砭之意。

有一次，有一个资本家想在众人面前羞辱萧伯纳。他大声宣告说：“人们说，伟大的戏剧家都是白痴。”萧伯纳笑着说道：“先生，我看此时此刻你就是最伟大的戏剧家。”

想羞辱别人却自取其辱，这个人气得脸都绿了。

29 先声夺人的技巧

“先声夺人”是一个具有普遍意义和广泛用途的词语。最早用在军事上，是指双方交战的时候，一方先张扬自己的声势，威慑对方、压倒对方，从而达到不战而屈人之兵的效果。后来用在戏曲上，杂剧第一出里介绍剧情的部分就叫“先声”。好的“先声”，能够产生让人欲罢不能的效果。再后来，“先声夺人”这个词的用途越来越广泛，比喻做事抢先一步下手，掌握主导权。

说话是通过有声的语言与人交流沟通，无论是日常生活中和家人、朋友的闲聊，还是严肃场合和工作对象交涉、谈判，甚至是在炫目的舞台上和自己的对手、敌人对抗或辩论，都需要实现自己设定的目标和理想。如果一开始便先声夺人，就能充分掌控说话的主导权，就能把整个谈话和辩论的过程导入自己设计的程序和轨道，就能顺利地实现自己的目标和理想。

怎样才能做到先声夺人呢？说话的对象、主题、场合各不相同，是否需要先声夺人？怎样才能先声夺人？需要根据具体的情况来决定。

平时在比较轻松的场合，面对的都是自己熟悉的对象，谈话的内容和方式都比较随意和放松。这个时候，可以选择依附别人的话题，别人说什么自己跟着说什么。但是，假如自己不想被别人主导谈话的主题和内容，就可以抢先一步，抛出自己想要谈论的话题，让别人跟随自己的步调。这种情况下的先声夺人，可以提高谈话的效率，避免无聊的闲谈。

绝大多数人都对推销员怀有本能的抗拒心理，假如你想成功推销自己提供给客户的产品或服务，最好的办法就是先声夺人。给对方造成不是需不需要、买不买的态势，而是需要多少、购买多少的态势。延伸到商业谈判，自己也可以在谈判一开始就抛给对方自己希望的合作条件，暗示对方只能在自己的条件范围内进行选择和决定。

先声夺人的“声”，就是声势，既可以借助于声音，也可以借助于气势。在演讲和辩论的时候，既可以凭借铿锵有力的语音，也可以凭借不容违逆的语气，还可以凭借磅礴的气势，把自己的欲望、要求和观念、主张植入听众和对手的脑海，以求让对方跟着自己的步调前进。

先声夺人的技巧

- 抛出主导性的话题
- 制造压迫性的态势
- 形成压倒性的气势

→ 把自己的思想和意志灌输给对方，让对方在心理上形成先入为主的态势，然后自觉或不自觉地跟着自己的指挥棒转。

先发制人的典故

项梁（?—前208年），下相（今江苏省宿迁市宿城区）人。秦末著名起义军首领之一，楚国贵族后代，项羽的叔父。生性豪放、骁勇善战。在反秦起义的战争中，因轻敌在定陶被章邯打败，战死。

项羽（前232年—前202年），中国古代著名的将领及政治人物，秦下相（今江苏省宿迁市宿城区）人，项梁的侄儿。秦末时被楚怀王封为鲁公，在前207年的决定性战役巨鹿之战中，统率楚军大破秦军。秦亡后自封为“西楚霸王”，统治黄河及长江下游的梁楚九郡。后于楚汉战争中为汉高祖刘邦所败，在乌江自刎而死。

项梁和项羽为躲避仇人报复，跑到吴中。会稽郡郡守殷通，为商讨将来自己的政治发展，派人请项梁来。

殷通对项梁说：“我想请你和桓楚来率领军队，不知桓楚如今在何处？”项梁心想：“可是我不愿意做你的部属啊！”

项梁灵机一动说：“桓楚因触犯秦朝刑律流亡在外，只有项羽知道他在什么地方，我叫项羽进来。”

项羽进来后，就拔出宝剑直刺殷通，随即砍下他的脑袋。项羽提着殷通的人头，佩戴着郡守的大印，走到门外，高声宣布起义抗秦。

30 恰到好处的技巧

说话的最高境界，在于得体，在于让对方心悦诚服，在于顺利地达成自己的目标愿望。为了达到这样的境界，说话者应该努力提高自己的学识修养，懂得说话的基本方法和技巧，还应该针对不同的说话对象、说话场合，加以灵活运用，才能把话说得恰到好处。

把话说得恰到好处，首先要看说话的对象。和父母家人说话，越是随意，越是直截了当，就越得体。因为他们是与你关系最亲密的人，也是无论在何种情况下都最能互相依靠的人，所以，无论什么话，都应该在他们面前直截了当地说出来。

和公司主管说话，应该谨慎。可说可不说的话，尽量不要说，非说不可的话，要有技巧地说，因为公司主管所看重的主要是做事做得好的人，而不是仅仅把话说得漂亮的人。和同事说话，要谦逊有礼，要含蓄内敛，傲慢和张扬过度，容易引起别人的反感，恶化自己的人际关系。

和其他人说话，要分清彼此关系的亲疏远近。关系越亲近，可以越随意、越坦诚。否则，应该有所保留，适可而止。还应弄清楚说话对象的性格脾气，有的人豁达大度，有的人喜欢斤斤计较，自己应该心中有数，区别对待。

其次，要区分说话的场合。能够在私底下和自己交谈，大部分都是关系比较亲密的人，脾气性格和兴趣爱好也都比较了解，说话自然要随意一些。而在正式、严肃的场合，即使大家关系比较亲密，也应该讲究分寸。特别是在场的人越多，越要讲究说话的技巧，顾及别人的面子。

再次，要视说话的主题而定。轻松娱乐的话题，要说得风趣幽默；庄重严肃的话题，要说得恳切认真。轻松娱乐的话题，可以充分发挥自己的发散性思维，越是漫无边际，越能取悦于人；庄重严肃的话题，就应该集中重点，更有利于问题的处理和解决。

最后，要灵活运用各种说话技巧。比如，赞美自己的说话对象，原本是极好的说话技巧，但如果给人谄媚讨好、虚伪矫情的感觉，那就糟糕了。再如风趣幽默，原本是大家都喜欢的说话风格，但如果为好笑而好笑、为幽默而幽默，就难逃低俗之嫌。

恰到好处的技巧

首先 → **要看说话的对象。**和父母等家人说话，可以轻松随意；和主管、同事说话要谨慎；和其他人说话，要视关系的亲疏远近而定。

其次 → **要区分说话的场合。**私底下说话要随意放松；正式场合，应该讲究分寸，要顾及别人的面子和自尊。

再次 → **要视说话的主题而定。**轻松话题，要说得风趣且幽默；严肃话题，要说得恳切且认真。

最后 → **要灵活运用各种说话技巧。**赞美别人时，不能给人谄媚讨好、虚伪矫情的感觉。

拒绝人也要恰到好处

服务员不是长臂猿

飞机上，用餐之后，空姐来收取餐盘。她伸手拿不到，就对一位靠窗的乘客说："先生，麻烦您把餐盘递给我一下，好吗？"

那名乘客傲慢地回答："你是服务员，还是我是服务员？"

空姐微笑着回答说："是的，先生！我是服务员，但我不是长臂猿！"

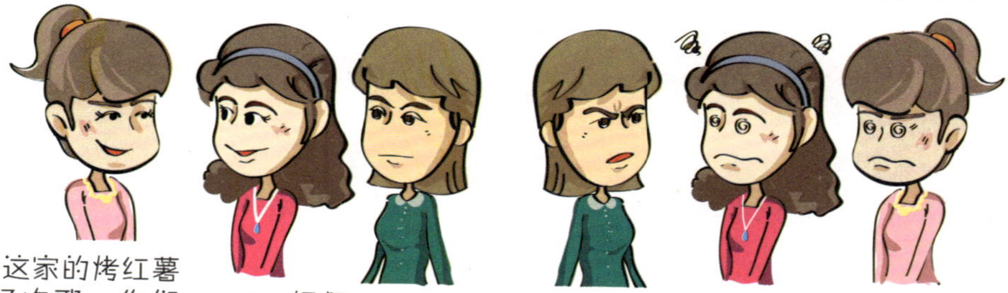

因为不想吃得满嘴蒜味，所以委婉地拒绝。

31 委婉含蓄的技巧

委婉含蓄是一种语言的艺术，比口无遮拦、直截了当地说更能展现一个人的语言修养。直言不讳、开门见山虽然简单明了，但容易伤害别人的自尊，破坏自己的人际关系，甚至会适得其反。

身为父母，孩子的行为有错时，必须要进行批评和教导，但考虑到孩子到了一定年龄阶段之后，自尊心和面子观念都会加强，直接的、粗暴的批评会让孩子难以接受，要是采取委婉含蓄的方式旁敲侧击，往往能够收到很好的效果。身为企业老板或部门上司，有时也难免要批评自己的员工或下属，同样需要采取委婉含蓄的方式。无论面对什么样的人，当自己的内心想法和评判标准与对方发生冲突的时候，要尽可能地避免剑拔弩张、针锋相对的局面。不要直接指责对方，只要自己的语意到了，对方就能听明白你说话的弦外之音。这对避免人际交往的尴尬局面，促使问题在平和友好的气氛中解决，都有非常显著的作用。

除了批评、指责别人，发表不同的意见，需要懂得委婉又含蓄的说话技巧，当自己内心有需求需要满足的时候，也可采取委婉含蓄的表达方式。比如，你觉得自己在公司或部门所领的薪资和自己的能力及付出不相称，希望老板或主管替自己加薪，如果不假思索地直接把自己的要求说出来，难免会给对方威胁或命令的感觉，如此一来，不仅自己的愿望难以实现，还会给老板或主管留下恶劣的印象。反之，如果是以温和的态度、委婉含蓄的方式，表达自己的愿望，给对方充分的思考余地，成功的可能性就会大大增加。

既然自己有求助他人的时候，别人也会有需要你帮忙的时候，面对别人的请求，自己出于种种原因和理由，不能或无法满足对方的要求时，拒绝就在所难免了。考虑到对方的心情、面子和自尊，委婉地拒绝通常要比直接拒绝，更容易让对方接受。

委婉含蓄地讲话，自己要站在对方的立场和角度思考问题，给对方更多的尊重和关怀。另外，在说话之前，要多作思考和选择，力求在语言、语气、表情、动作诸方面，都能给对方最好的暗示和指引。委婉含蓄地说话，应该把握分寸，切忌陷入虚伪、矫情、卖弄的泥沼。

委婉含蓄的技巧

- 前提
  - 批评、指责别人的时候。
  - 有求于人的时候。
  - 拒绝别人的时候。
- 要领
  - 站在对方的立场思考问题。
  - 注意语言、语气、表情、动作。
- 忌讳
  - 虚伪、矫情、卖弄。

马克思特别的求婚

卡尔·亨利希·马克思（1818年5月5日—1883年3月14日），全世界无产阶级的导师、科学共产主义的创始人。是一位政治家、哲学家、经济学家、革命理论家。主要著作有《资本论》、《共产党宣言》等。马克思是无产阶级的精神领袖，支持其理论的人被视为马克思主义者。

马克思和燕妮是青梅竹马，两人的感情深厚，虽心仪对方，却都不好意思开口。

有一天，两人又一同在树林里散步。马克思故意装作满腹心事、满脸愁云的样子，燕妮感到很奇怪。

马克思拿出一个精致的小木盒子说："我交了一个女朋友，很想和她结婚，这里有她的照片。"

燕妮打开小盒子，里面只装着一面镜子。镜子中映照出自己的脸，原来马克思求婚的对象是自己呀！

32 以柔克刚的技巧

以柔克刚的说话技巧，正是建立在万物相生相克的基础之上。在这里，所谓的“刚”，就是说话盛气凌人、态度蛮横霸道。面临这样的局面，很多人会感觉被对方刚强的气势所压迫，不仅不知道该如何应对，甚至连喘气都困难。殊不知，过刚易折，“柔”尚且能够克“刚”。

表面看起来很刚猛的人，并不是强大到不可战胜的地步，只要自己不被表面的假象迷惑而乱了方寸，保持清醒的头脑，认真分析，从容应对，就不难找到以柔克刚的突破缺口。

有的人表现得情绪激动，武断又霸道，不仅听不进别人说的话，甚至不允许别人对自己的意愿有丝毫的违逆。实际上，处于这种状态的人，多数情况下，由于受了某些自己不能接受的突发事件刺激，从而恼羞成怒所致。这个时候，他们的大脑不能理智地思维，对事实真相缺乏准确的判断，就算自己没有任何错误，强与争辩，无疑是火上浇油。自己能够避开对方的锋芒，或让对方尽情发泄，只要能够让对方冷静下来，一切问题都将迎刃而解。

很多在别人面前表现得很强势的人，内心深处都有很强的优越感。这种优越感，可能和社会地位有关，也可能和自己的能力或实力有关，面对这样的人，如果不知道以柔克刚，而去和他们正面交锋，即便不是鸡蛋碰石头，也有可能两败俱伤。此时，比较明智的做法，就是主动以弱者的身份出现，让对方的优越感得到尽可能充分的展现，必要的话，可以不惜开口求情，甚至泪流满面，不管使用何种方法，只要能够达到自己的预期目的，就是成功有效的手段。

以柔克刚的关键，在于使用有效的手段和技巧，争取最后的胜利，而不是一味地委曲求全。因此，能够柔中带刚、含而不露、隐而不发，是最佳选择。

以柔克刚的技巧

- 其一：遇到情绪激动的间发性强势者，应避其锋芒，等待其情绪平稳。
- 其二：对具有优越感的一贯强势者，应以弱者的身份出现，博取其同情。
- 其三：无论何种情况，为了增加取胜的砝码，应该柔中带刚。

玄高犒秦

春秋时期，秦国派兵准备偷袭郑国，郑国贩牛商人玄高得知消息，情急之下假扮郑国使臣，假托郑国国君之命，用自己的牛前去犒劳秦军。

秦国主帅误以为郑国已经有完善的防备，于是取消原来的计划，率军回到秦国。郑国因此得以免除大难。

男朋友下班后到女朋友公司接她吃饭，可是见面后男朋友一直闷闷不乐……

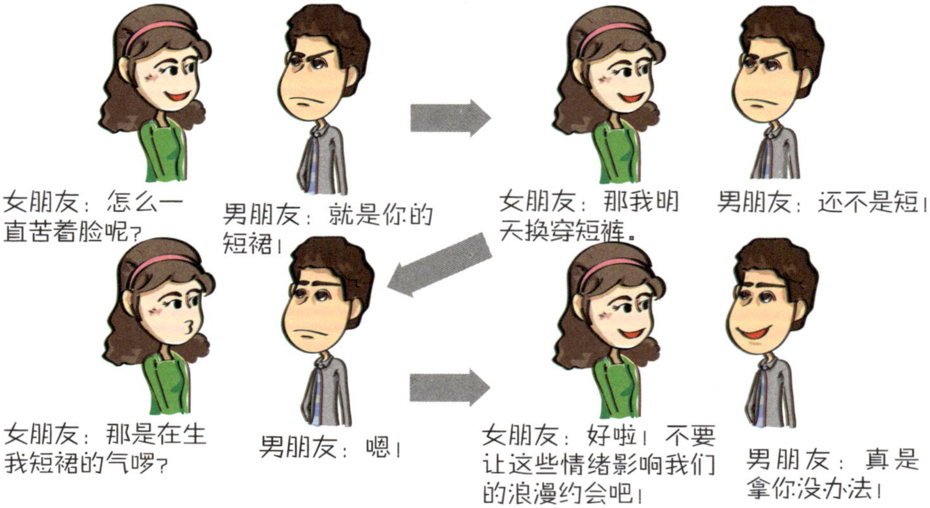

33 顺水推舟的技巧

顺水推舟的说话技巧，就是先顺着对方的话题和意思说话，在谈话双方之间达成某种程度或某个层面的共识，缩短彼此之间的心理距离，在此基础上，再抛出自己真正想要表达的意思。因为有了之前的顺水人情，对方已经对自己放松警惕之心，同时，按照通常投桃报李的习惯模式，就算自己提出全新的观点和主张，也容易得到对方的认同。

在日常交往中，无论说话对象和自己的关系如何，只要说话的主题无伤大体、不牵涉原则问题，只要双方没有不可调和的对立情绪和态度，都可以采用顺水推舟的说话技巧。即便是从没有交往过的陌生人，只要你顺着他的话题和意思说话，就是对对方极大的尊重和信任，作为回报，对方当然不可能拒你于千里之外。只要双方的心理距离拉近，什么问题都会迎刃而解。

即便是牵涉到原则上的问题，即便双方的观点截然不同，甚至是针锋相对，也可采用顺水推舟的说话技巧。

有一个推销香烟的商人，在大庭广众之下大肆谈论吸烟的好处，围观的人们半信半疑。此时，从人群中走出一位精神矍铄的老人，朗声说道：“凭我的经验，吸烟的确有三大好处。”推销香烟的人听了，非常高兴，笑逐颜开地问：“请问老人家，吸烟有哪三大好处呢？”

老人说：“第一大好处，狗不敢咬；第二大好处，小偷不敢偷；第三大好处，永远年轻。”这三大好处，就连那位商人也是第一次听说，只见他喜不自禁地问：“请问为什么有这三大好处呢？”

老人说：“第一，吸烟的人容易驼背，狗看见，以为是在拾石头，早跑得远远的，所以狗不敢咬。第二，吸烟的人爱咳嗽，小偷听见，当然不敢进屋行窃，所以说小偷不敢偷。第三，吸烟的人大多寿命不长，所以永远年轻。”老人的话一说完，人群里爆发出一阵哄笑，推销香烟的商人则早已经无地自容了。

通过这个故事，不难看出，即使在唇枪舌剑的辩论场上，双方观点尖锐对立，都想战胜对方。但所谓“心急吃不了热豆腐”，要是能够顺水推舟，有效麻痹对手，说不定就会有意外的惊喜。

顺水推舟和逆水行舟的区别

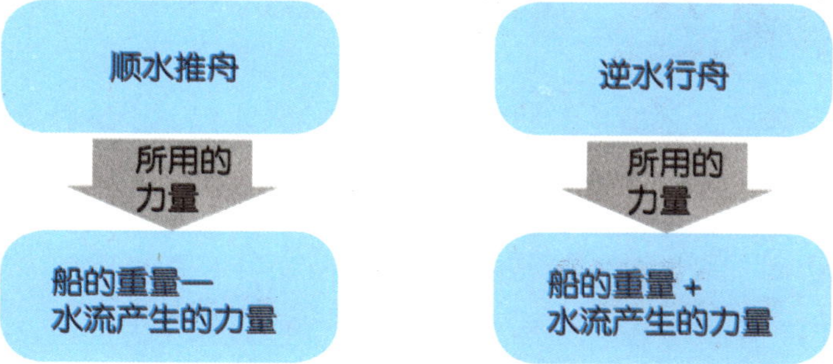

顺水推舟

老公请医生来为妻子看病，医生看完之后说："你夫人需要安静休息，千万不要跟她讲话。"

老公双手一摊，对医生说："我家的钱全由我妻子掌管，那就只好先欠下你的医疗费了！"

马克·吐温的幽默

一次偶然的机会，马克·吐温与雄辩家琼西·M·得彪应邀参加同一晚宴。

席上演讲开始了，琼西·M·得彪滔滔不绝、富有情感地讲了20分钟，赢得一片热烈的掌声。然后轮到马克·吐温演讲。

马克·吐温站起来，面有难色地说："诸位，实在抱歉，会前琼西·M·得彪先生约我互换演讲稿，所以诸位刚才听到的是我的演讲，衷心感谢诸位认真的倾听及热情的捧场。然而，不知何故，我找不到琼西·M·得彪先生的讲稿，因此我无法替他讲。请诸位原谅。"

34 大智若愚的技巧

大智若愚，是指才智非常杰出的人，修炼到一定境界的时候，很善于收敛自己，一点都不露锋芒，以致从外表看起来，给人很平庸的感觉。而一旦时机成熟，需要他们展示才华和智慧的时候，他们就会立即转变成另外一副面孔，轻易取得成功。

三国时期的刘备，虽然有雄才大略，但最初实力有限，几经辗转，不得不投靠挟天子以令诸侯的曹操。他深知曹操多疑和善妒，为了掩藏自己的野心，就在居所后面开辟一个菜园，整日侍弄菜园，给人胸无大志的印象。即便这样，曹操还是不放心，这才有煮酒论英雄的故事。曹操问刘备，谁称得上当时英雄。刘备先说树大根深的袁绍、袁术，再说据守江东的孙权、勇武过人的吕布，但被曹操一一否决之后，居然搬出刘表、刘璋、张鲁等人，无疑是在装疯卖傻。当曹操直言天下英雄只是自己和刘备时，刘备大吃一惊，筷子掉到地上。此举已经暴露刘备的雄心，但此时恰好天上传来一声响雷，刘备立即称自己胆小，被吓掉了筷子。这招果然骗过曹操，这才有后来的三分天下。

"大智若愚"作为说话的一个重要技巧，要求参与者在条件并不明朗的时候，要么一言不发，要么人云亦云，要么装疯卖傻，掩盖自己对事物真实的、独到的观点和看法，旨在伪装自己、保护自己，使别人对自己产生错误的判断，为自己最后的反戈一击创造最好的条件。

在看似风平浪静、一团和气的办公室里，常常涌动着惊涛骇浪、尔虞我诈，说话做事，稍有不慎，就有可能被卷入漩涡，成为众矢之的。在这样的环境里说话，就应该小心谨慎，能够保持沉默时就保持沉默，能够人云亦云时就人云亦云，能够装疯卖傻时就装疯卖傻，把自己的锋芒巧妙地掩藏起来。只要关注你的人越少，你的人脉就越广，只要嫉恨你的人越少，你的前程就越美好。

在唇枪舌剑的辩论场上，辩论双方必须分出输赢，当遇到实力较为强劲的对手时，作为战术安排和技巧运用，可以在开始的时候故意隐藏自己的实力，让对方作出错误的判断，产生骄傲和轻敌的思想。等到对方露出致命弱点的时候，立即抓住机会，给予对方沉重的打击，不要给对手丝毫还手的机会。

大智若愚的技巧

前提 → 智慧修炼到达一定境界后，能够收放自如。

- 运用一 → 用于表面平静、实则凶险的办公室权谋。 → 目的
- 运用二 → 用于唇枪舌剑的辩论场合。 → 目的

目的 → 麻痹对方，使其产生骄傲和轻敌情绪，为最后的脱颖而出创造条件。

王翦，战国末期秦国著名战将，与其子王贲一并成为秦始皇兼灭六国的最大功臣。因杰出的军事指挥才能，而与白起、李牧、廉颇并列为战国四大名将。

秦国大将王翦奉命出征。出发前向秦王请求赐给良田房屋。

秦王说：“将军放心出征，何必担心呢？”
王翦说：“做大王的将军，有功最终也得不到封侯，所以趁大王赏赐我临行酒饭之际，我也斗胆请求赐给我田园，作为子孙后代的家业。”
秦王大笑，答应王翦的要求。

王翦到潼关后，又派使者回朝请求赐给良田。秦王爽快地应允。

手下心腹劝告王翦。王翦坦诚相告：“我并非贪婪之人，因秦王多疑，现在他把全国的部队交给我一人指挥，心中必有不安。所以我多求赏赐田产，名为子孙，实为安秦王之心。这样他就不会疑心我造反了。”

35 引人入胜的技巧

引人入胜，就是把人引入美妙的胜境。一般指艺术作品的前一部分制造很好的开头，对欣赏者产生巨大的诱惑力。引人入胜的说话技巧，就是指说话的人，在一开始就紧紧抓住听众的心，使听众内心产生欲罢不能的渴望。

朋友或同事聚会，有的人总是成为众星捧月的焦点，有的人却只能籍籍无名地待在属于自己的角落，这是为什么呢？因为前者说话讲究方法和技巧，能够引人入胜，后者却不能够。而且，通常情况下，前者拥有很好的人脉，无论生活中，还是工作上，都能左右逢源。

同一种产品或服务，让不同的推销员推销，结果会很不一样。有的人推销很成功，不仅业绩傲人，为自己赢得了丰厚的物质回报，还让自己体会到工作的乐趣；有的人业绩平平，所得甚少。这又是为什么呢？关键在于自己的推销手段和技巧。前者的推销能够引人入胜、打动客户的内心，后者不能。

对引人入胜要求最高的说话技巧，就属演讲。演讲的过程相比其他的说话方式更为漫长，而且基本上是一个人在唱独角戏，如果自己没有引人入胜的技巧，没有驾驭场面的能力，听众就会分心走神，就会产生厌倦情绪。演讲的效果可想而知。

怎样才能使自己的说话或演讲引人入胜呢？

首先，要有一个好的开始。一般场合的开场白和演讲时的开场白，都需要精心谋划和设计。如果一开始就让听众失去了兴趣，想再把他们拉回来就很困难。

其次，要善于制造疑问。每个人都有求知欲和好奇心，在疑问未揭开谜底之前，大家的兴趣就不会减弱。

再次，要善于调整节奏。无论平常说话，还是当众演讲，节奏的把握都很重要。语速要有快有慢，语音要有轻有重。

最后，要善于和听众互动。

引人入胜的技巧

所需场景

- 家长或老师教育孩子
- 朋友或同事聚会
- 推销员推销
- 当众演讲

方法技巧

- 精心设计开场白
- 善于制造疑问
- 善于调整节奏
- 善于和听众互动

引人入胜的剧本

儿子：“妈妈，我们公司里一个出自书香门第的男孩，爱上了一位清洁女工人。”妈妈：“这是一件好事啊！我马上把这件事写成一个剧本。”

儿子：“你们当作家的就喜欢挖掘这种题材，连这件小事也值得写进剧本里？”妈妈：“门当户对是老观念了，像这样勇于冲破传统习俗的爱情故事，应该好好地宣传。”

儿子：“妈妈，这个人就是我。”
妈妈瞪大眼睛问：“什么？”

午餐时间，Anan正在和新同事May聊天……

Anan：你是刚毕业的大学生吗？

May：我毕业很久了耶！看起来还像学生？哇哦……太棒了！

Anan：听说你对美食有研究？

May：是啊，要不要传授一些经验啊？呵呵……

因为Anan的谈话主题引人入胜，May自然也滔滔不绝地说起来。

36 移花接木的技巧

移花接木的原意，是把一种花木的枝条、嫩芽或花朵，嫁接到另一种毫不相关的树木枝干上面。也就是用一种假的东西代替真的东西，从而实现自己的目的。类似的说法，还有“偷梁换柱”、“偷天换日”等。

战国时期的吕不韦，原本只是个富商，在赵国经商时，发现在赵国做人质的秦国公子子楚奇货可居，就和他结交。当时，吕不韦有一位宠爱的女子赵姬，而且已经怀有身孕。吕不韦设法让子楚喜欢赵姬，自己再假作忍痛割爱，把赵姬拱手让给子楚。赵姬成为子楚的妻子，生下原本是吕不韦的儿子，因为移花接木，变成子楚的儿子。之后，吕不韦辅助子楚登上秦国君王的宝座，自己也因此而飞黄腾达，权倾天下。

移花接木看起来就是弄虚作假，因此一直以来都略含贬义。但在说话这个领域，有时会碰到一些不便或不必回答的问题，缄默是不允许的，用“无可奉告”的外交辞令又显得不够礼貌。此时，如果“偷换概念”，故意曲解对方的原意，不仅能够有效化解尴尬的场面，还可以充分展示自己的睿智和机敏。

移花接木的技巧，在各类辩论中的作用尤其巨大。主要方法是：

其一，曲解对方言论，把它推翻，从而达到推翻对方真正言论的目的。

其二，断章取义，从对方真正的言论中，选取有误导性的段落。

其三，选取其他与对方拥有相同立场的人，把他们某一相对软弱的论据推翻，从而推翻对方所有的立场。

四，假设一个行为和信念遭受批评的人物，再把这个人物强加在对方的群体里。

“移花接木”说话技巧的关键，在于两个概念之间的相互置换。至于用于置换的概念，可以是现成的行业术语、专业术语、政治术语，也可以是自己灵机一动想到的术语。

移花接木的技巧

其一 曲解对方的言论，再把它推翻，从而达到推翻对方真正言论的目的。

其二 采取断章取义，从对方的言论中选取有误导性的段落。

其三 选取其他与对方拥有相同立场的人，把他们某一相对比较弱的论据推翻，从而推翻对方所有立场。

其四 假设一个行为和某一信念遭受批评的人物，再把这个人物强加在对方的群体里。

为什么要保护动物

老师：“为什么要保护动物？”
学生：“因为动物都未成年。”

老师：“为什么？”
学生：“因为绝大多数动物都不能活过18岁。尤其是野生动物。”

我没有意见

威尔逊在担任新泽西州州长时，有一天，接到一通电话，得知有位新泽西州议员的朋友去世的消息，威尔逊感到无比震惊和悲痛，立即取消当天的行程，并赶往朋友家。

正在这时，威尔逊接到一位政客的电话：“州长，我希望能接替那位去世议员的位置。”
威尔逊对此人迫不及待的态度感到厌烦，却慢条斯理地说道：“如果殡仪馆同意的话，我当然没意见。”

面对冷酷无情、迫不及待想登上议员位置的政客，威尔逊故意曲解对方的“位置”之意，以既委婉又毫不留情的方式嘲讽对方。

37 以退为进的技巧

春秋时期，晋国公子重耳逃亡国外，得到楚成王的礼遇。其间，楚成王问重耳：“你日后做了晋国国君，该怎么报答我呢？”重耳说：“要是晋国和楚国发生战争，我会命令晋国的军队退避三舍。”后来，重耳果然回国做了国君，就是晋文公；再后来，晋、楚两国果然在城濮发生战争。双方对峙，晋文公兑现当初许下的诺言，命令晋军后撤90里（每舍30里，90里刚好是三舍）。楚将子玉因此产生骄傲和轻敌的思想，结果楚军被晋军大败。此战奠定晋文公春秋霸主的地位，他退避三舍的做法，也成为我国历史上“以退为进”最成功的典范。

“以退为进”作为说话的技巧和方法，也有非常广泛的用途和显著效果。对方处于非常强势的地位，而且说话的态度和语气比较强硬时，和对方正面交涉，申诉自己的要求和愿望，通常情况下是无法成功的。比如对方是你的上司，尽管你的要求和愿望非常合理，但就是不符合（或暂时不符合）上司的要求，最好的办法，就是后退一步，以更加合理、更加有效的方式，从侧面向对方表达自己的要求和愿望。其他需要求人的场合，如果发现自己的目标愿望不能一下子全部实现，最好的办法，也是后退一步，把自己的目标愿望进行分解，然后再一步一步地接近目标。

求职面试，很多人都习惯尽可能全面地展示自己的优点和长处，甚至不惜自吹自擂，而对自己的缺点和不足，总是想方设法地藏住。殊不知，人无完人、金无足赤，以面试官的狡猾和老到，是很容易从你的言行举止中发现你的缺点和不足的。因此，与其被对方发现自己的缺点和不足，不如自己后退一步，主动交代一些可以让人接受，甚至是可爱的缺点和不足。

以退为进的说话技巧，更常表现在谈判桌上。不管是商业谈判，还是其他形式和内容的谈判，只要有谈判，就会有利益得失，每一个谈判代表，都希望自己代表的谈判主体利益最大化，但是，美好的愿望并不等于现实，你宁可把坐在对面的谈判对手看作是狡猾的狐狸，也不能妄想他是慷慨的慈善家。当谈判陷入僵局时，最好的办法就是作出有计划、有原则的让步。

以退为进的技巧

场合

场合	技巧
求人办事	正面遇挫，就从侧面进攻；目标过大，就分解目标。
面试求职	不可一味自吹自己的优点，可适当暴露自己可爱的缺点和不足。
谈判桌上	但谈判陷入僵局时，可作有计划、有原则的让步。
辩　论	直接进攻显得乏力的时候，后退一步再进攻，会有更大的威力。

晏子使楚

晏子（公元前557年—公元前500年），名婴，字平仲，春秋时期齐国夷维（山东高密）人。春秋后期一位重要的政治家、思想家、外交家。晏子以有政治远见和外交才能、作风朴素闻名诸侯。虽然，他身材不高，其貌不扬，但他爱国忧民，敢于直谏，聪明机智，博闻强识，善于辞令，主张以礼治国，在诸侯和百姓中享有极高的声誉。

有一回，齐王派大夫晏子去访问楚国。楚王仗着自己国势强盛，想乘机侮辱晏子，显楚国的威风。

晏子身材矮小，到楚国时，楚王叫人把城门关闭，只开一个狗洞。晏子看了说："只有访问'狗国'才从狗洞进去。"楚王只好吩咐开城门，迎接晏子。

楚王想羞辱他，就问："难道齐国没有人吗？"晏婴说："齐国首都街上的行人，一举袖子就能把太阳遮住，怎会没人呢？"

楚王："那怎么派你这样的人出使呢？"晏婴："齐王派人是依据别国国君的贤明度。我是齐国没出息的人，因此被派到楚国。"

楚王宴请晏子。正当他们吃得高兴的时候，有两个武士押着一个齐国的囚犯，从堂下走过。楚王叹息道："齐国人真没出息！"

晏子说："淮南柑橘大又甜，可是橘树种到淮北，却长出小又苦的枳。齐国人民在齐国安居乐业，到楚国却成为盗贼！"楚王只好道歉。

38 妙语双关的技巧

“李白乘舟将欲行，忽闻岸上踏歌声。桃花潭水深千尺，不及汪伦送我情。”这是诗仙李白的名作《赠汪伦》。之所以能够有这一段佳话，全仗汪伦的真诚和机敏。据载，汪伦仰慕李白，听说李白游历到自己的家乡，就设法去见李白，并盛情邀请李白到家里做客。他对李白说：“我那里有十里桃花，万家酒店。”喜欢旅游和喝酒的李白，于是坐着汪伦的小船前往。他们走了十里路，仅看见一株桃花，到目的地，也只看见一家挂着“万家酒店”招牌的酒店。汪伦的机敏，在于巧妙运用“妙语双关”的说话技巧。

“妙语双关”也就是一语双关。即一个词语，含有两层意思：第一层意思是大家比较熟悉，却是次要的；第二层意思比较隐晦，但却是说话的人想要表达的真正意思，是关键。

作为汉语修辞手法之一，双关的构成有两种。一种是语音双关，如“道是无晴却有晴”，“晴”双关的是“情”，两个字的读音相同。另一种是语意双关。古时，有一位秀才想要调戏一个村姑，还自命风雅，他说：“竹茂林深，叫樵夫如何下手？”村姑说：“水清石见，叹渔夫自作多情！”秀才说：“桃杏李梨，看琼芳如何结果？”村姑又说：“稻麦薯椒，问杂种什么先生？”这先生一词，就是语意双关。

在有些场合，直接说出自己的意思和想法，显得平淡乏味，使用双关的技巧，情形就大不相同。居里和玛丽同在巴黎的一个实验室工作，两人产生了爱情。一次，玛丽要回故乡波兰，居里害怕玛丽不再回来，就对玛丽说：“你还会回来吗？答应我，你还会回来！你没有权利放弃科学！”玛丽回答说：“我很愿意回来！”他们没有人提到爱情这个字眼，但两位伟大科学家的爱情，已经非常美好地呈现在世人眼前。

在一些比较庄重、严肃的场合，即使遭到别人的无礼和侮辱，为了顾及身份，不宜针锋相对，直接还击，最好的办法，就是采用妙语双关的技巧，让对方哑巴吃黄连，有苦说不出。

在一些比较轻松、自在的场合，坦白说话，会显得呆板，而使用双关技巧能活跃气氛，既展示了自己的语言魅力，也给大家带来了乐趣。

妙语双关的技巧

定义	构成	特点
即一个词语，含有两层意思：第一层意思是大家比较熟悉，却是次要的；第二层意思比较隐晦，但却是关键。	一种是语音双关，另一种是语意双关。	含蓄隽永、意味深长、妙趣横生。

妙语双关

有个县官带着随员骑着马要去王庄，走到一个岔道口，不知道该朝哪边走。

正巧过来一个老农，于是县官在马上大声问老农："喂，到王庄怎么走？"

那老农头急急忙忙地说"我没有时间回答你，我要去李庄看件稀奇事！"

县官问："什么稀奇事？"

老农说："李庄有匹马下（产）了头牛。"

县官问："真的？马怎么会下牛呢？"

老农说："世上稀奇事真多！我怎么知道那畜生为什么不下马呢？"

车　票

一次，马克·吐温外出办事，乘坐一辆开得非常慢的火车。当查票员过来查票时，马克·吐温递给他一张儿童票。

检票员调侃道："我还真看不出来，原来您还是个孩子呢！"马克·吐温回答："现在我已经不是孩子了，但我买票上车时还是个孩子呢！"

39 幽默的本质和作用

什么是幽默？在日常生活中，许多人时常能感受幽默，欣赏幽默，制造幽默，但幽默的概念和定义，即便是对于专业的学术界来说，也是众说纷纭，难以统一。比较通行的说法是，幽默就是通过影射、讽喻、双关等修辞手法，在善意的微笑中，揭露生活中的讹谬和不通情理之处。

幽默是一种巧妙的语言方法，其特性是用曲折、含蓄的表现方式使人领悟其中的思想和哲理。笑是幽默的外部特征，没有笑就不称其为幽默。但是，幽默又不仅是笑，它和粗俗的笑话、简单的滑稽有一定的区别，在笑声背后，幽默还应该有深邃而又耐人寻味的哲理。幽默是会心的微笑，由心里透出的笑容。

从说话这门艺术的角度讲，说话的内容是一道菜的主料，幽默就是调味品。没有调味品，这道菜固然还是可以吃，甚至主要的营养成分也没改变，但味道却已经相差万里。

有人说：“幽默是一种优美的、健康的特质。” 幽默感是一种高雅而可贵的情趣，是智慧和感情的结晶。幽默思维是一种愉快的思维，具有幽默感的人，往往是乐观主义者，为人处世比较灵活，能很容易和周围所有人建立良好的人际关系。幽默是人际交往非常好的润滑剂。

在家庭生活中，幽默能够缓解家庭矛盾，活跃家庭气氛，使婚姻更加稳固，使家庭生活富有情趣和韵味。

在工作和学习中，幽默能够有效缓解工作和学习的压力，能够拉近自己和同事、同学、上司、下属之间的关系。

身处逆境的时候，一个人的情绪难免会低落，看不到前途，对未来失去信心，幽默能够调节一个人的情绪，促使身处逆境的人奋发向上。

在说话、演讲、辩论的时候，幽默能充分展示自己的聪明和睿智，能使自己的话妙趣横生，能够有效吸引听众的注意力，能帮助自己顺利实现人生目标。幽默能大幅地提高自己说话的能力，并让自己充分享受生活的乐趣。

幽默的本质和作用

幽默的本质和作用

- 通过影射、讽喻、双关等方法，揭露生活中的不通情理处。
- 笑是幽默的特征，没有笑就不称其为幽默。
- 幽默是会心的笑，是心里的笑。
- 幽默能够调节一个人的情绪，促使身处逆境的人奋发向上。
- 幽默能大幅地提高自己说话的能力，让自己充分享受生活的乐趣。
- 幽默是弥补缺失的针线包，是难堪、挫折的平衡杆。
- 幽默是烹调一道菜必不可少的调味品。
- 幽默是一种优美的、健康的特质。

常见的幽默形式

形式		表现形式
笑话	表现形式	通过有趣的人物对话或故事使人发笑。
相声	表现形式	通过语言或对话达到幽默效果。
无厘头	表现形式	借助看似毫无关联的语言或肢体语言使人发笑。
恶搞	表现形式	通过毫无道理的语言、涂鸦等使人发笑。
黑色幽默	表现形式	对社会、他人采取无奈、苦涩的冷嘲热讽。
白色幽默	表现形式	令人感到恐怖但又好笑的话。
冷笑话	表现形式	它包括幽默和冷两个方面。指不经意间突然流露出的幽默，让人发愣、不解、深思、顿悟最后再大笑，是一种让人回味无穷的幽默。

40 源于智慧的幽默技巧

幽默是智慧的快乐表现，是一种达观坚强的人生境界，是一种超越机智的处世态度，是一种藐视困苦、解脱窘迫、化解忧愁的气度与技巧。懂得幽默的人，通常是有智慧的人，他们不拘泥于生活的种种常规，能以独到的眼光看待人事，从崭新的角度来发现事理，只需动一动脑子，就能语出惊人，收到意想不到的效果。

幽默没有统一的固定模式和技巧，在某一个特定的场合，可能是绝佳的幽默，换了一个场合，可能就寡淡无味了。因此，幽默需要人们根据实际需要，灵活机智地发挥。而在此之前，你需要为幽默进行必要的练习。

首先，要不断学习，让自己的知识更加丰富。世界上最伟大的幽默大师，说出的第一句话肯定也缺乏幽默感。幽默是一种智慧的表现，必须建立在丰富的知识的基础上。有了广博的知识，才能有丰富的谈话资料，才能触类旁通、妙语成趣。

其次，要陶冶自己的情操，乐观地面对现实。笑是幽默必不可少的结构元素，没有积极向上的人生态度、宽容大度的胸襟，很难带给别人笑声。因此，想要幽默，就要先学会尊重和体谅他人，学会善待自己，善待身边的一切人和事。

最后，要多观察、多思考，培养自己深刻的洞察力和机智、敏捷的行动力。只有迅速地捕捉事物的本质，以恰当的方式、精妙的语言，及时地把自己的灵光乍现传递出去，才能带给别人最大限度的快乐。

具备幽默特质、有幽默感的人，可以信手拈来，尽情发挥。

尝试幽默，首先从自嘲开始。能自嘲的人，勇于把自己的某些缺点或不足坦率地公之于众，代表的是自信，表现的是开阔的胸襟。

欲擒故纵、极端荒诞、声东击西，语意坦白等，都是被人频繁采用的幽默技巧，但最重要的是要拥有幽默的心态。

源于智慧的幽默技巧

理论基础

幽默是智慧的快乐表现，是一种达观坚强的人生境界，是一种超越机智的人生态度，是一种藐视痛苦、解脱窘迫、化解忧愁的气度与技巧。

必要的修炼

- 要不断学习，让自己的知识更加丰富。
- 要陶冶自己的情操，乐观地面对现实。
- 要多观察、多思考，培养自己深刻的洞察力和机智、敏捷的行动力。

具备技巧

- 首先从自嘲开始。
- 装傻制造幽默。
- 移花接木、偷换概念、欲擒故纵。
- 极端荒诞、声东击西、语意坦白。

最重要的不是方法，而是幽默的心态。

得吃鲸鱼

马克·吐温收到一封信。这是由一位年轻人所写，他向马克·吐温请教成为大作家的重要诀窍。

信中说：“听说鱼含大量的磷质，而磷是有利于脑子的。看来要成为一个大作家，一定要吃很多鱼吧？但不知道你究竟吃哪种鱼，又吃了多少呢？”

马克·吐温回信说：“看来，你得吃一条鲸才行。”

41 源于修辞的幽默技巧

源于修辞的幽默技巧，就是利用修辞手段（修辞格），使自己的语言表达更加风趣幽默、生动好笑。

修辞来自于语言，为语言表达服务。每个民族都有属于自己的语言，也就有专属于该民族的修辞手段和方法。文学中的修辞手段非常丰富，很多修辞手段不仅能够制造幽默，而且效果极佳。

比喻。比喻就是用某些有类似点的事物来比拟想要说明的事物，也叫譬喻、打比方。比喻是中文使用范围最广的修辞方法，当然也是最常使用的幽默技巧之一。所不同的是，一般的比喻以贴切、神似、协调为原则，幽默则反其道而行之，刻意追求用反差过大或对比荒谬制造的不协调效果。如：“光阴像肉包子打狗似的有去无回。”

夸张。夸张就是运用丰富的想象力，在真实的基础上极度地放大或缩小事物的特征，以增强表达效果，也叫作夸饰、铺张。如，蚂蚁对大象说：“我怀了你的孩子。”

拟人和拟物。拟人是把物“人性化”，拟物是把人“物性化”。例如，在草坪竖立的牌子上写着“别踩，我怕疼”。

反问。反问就是针对对方思想、观点中的破绽，提出一个针锋相对的问题，其幽默效果来自于出人意料。比如，有人说流行的都是好的，反问：“那么，流行性感冒呢？”

借代。修辞学上的借代，是指用对象的部分取代整体。幽默中的借代，是直接用一种东西指代另一种东西。如，有人问爱因斯坦成功的秘诀，爱因斯坦给了一个公式：成功＝X+Y+Z，并解释说：“X代表艰苦的劳动，Y代表正确的方法，Z代表少说废话。”

引用。就是在特定的环境下引用别人的话语或成语、谚语、格言等。幽默的效果与具体的环境有关。比如：“有人说女人是衣服，我是你穿不起的名牌。”

谐音。就是故意利用同音或近音的条件，用他字来代替本字，从而产生不同意思的修辞手法。比如，把老公被妻子管得很严的现象，说成是“气管炎”（谐音“妻管严”）。

源于修辞的幽默技巧

笑话一则：近亲禁止结婚

一对夫妻正在吵架。

妻子对老公大叫道：“当初我真是瞎了眼，我就是嫁给魔鬼也比你强一百倍！”

老公：“那可不行！法律规定，近亲禁止结婚。”

42 幽默不是万能的

幽默是弥补缺失的针线包，是难堪、挫折的平衡杆，是待人处事的润滑剂，是引导人生的一束光。幽默能提高说话的能力，能帮助实现人生的目标和价值，能让人们充分享受生活的乐趣。人们说话离不开幽默，生活也离不开幽默。但凡事皆有一个限度，幽默也不是万能的，如果不明白这个道理，有时候幽默反而变成累赘，造成弄巧成拙。

本节着重剖析幽默的禁忌。

第一，不宜幽默的环境里不能幽默。无论再美好的事物，一旦离开属于自己的环境，就会丧失其应有的价值意义。幽默也是这样。在朋友、同事休闲聚会的环境，可以很随意地制造幽默，但在参加别人葬礼的时候，就该禁止幽默。

第二，不宜幽默的时间里不能幽默。就算在同一间办公室，面对的都是各司其职的同事，彼此闲聊的时候，可以幽默，但大家都在专心致志地工作的时候，就该禁止幽默。

第三，在不宜幽默的对象面前不能幽默。说话一定要看对象，幽默也要看对象。对方的年龄、性别、性格、脾气，和自己关系的亲疏远近，以及对方当时的情绪状态等，都必须考虑。

第四，不可为了幽默而幽默。即便其他的外部条件都已经具备，而本人并没有做好完全的准备，就不能勉强使用幽默。这种情况下，如果仅为了幽默而幽默，为了好笑而好笑，结果只能是画蛇添足。

第五，不可低级庸俗。幽默的可贵之处，在于笑声背后给人的启迪和省思，如果幽默的内容太过低级庸俗，就等于是自贬身份，降低你在别人心目中的地位。

第六，不能伤害他人。很多人在一起的时候，能制造笑声固然是好事，但若是以伤害其中的某个人或某一部分人为代价，那就大错特错了。尤其对方是弱势群体的时候，更应如此。

第七，不能违背社会公理和道德。社会公理和道德是任何人在任何条件下都应该严格遵守的，否则，就会危害社会、危害他人。

幽默不是万能的

把握好说话的分寸

- 第一：不宜幽默的环境
- 第二：不宜幽默的时间
- 第三：在不宜幽默的对象前不能幽默
- 第四：不可为了幽默而幽默
- 第五：不可低级庸俗
- 第六：不能伤害他人
- 第七：不能违背社会公理和道德

→ 幽默不是万能的

知错能改

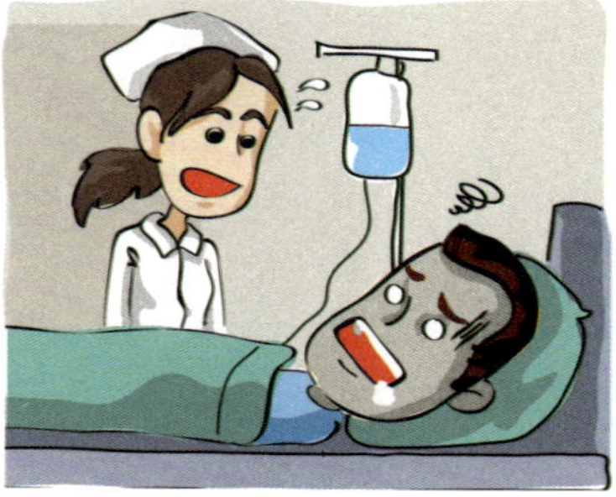

一位护士第一天上班，主治医师对她说："116病房的病人得了晚期肝癌，只能活6个月，你去对他说一下病情。"
护士跑到病房大声对病人说："你只能活6个月啦！"患者受不了打击，当场昏倒。

事后，主治医师指责这位护士："作为医务工作者，不能对患者直接说出实情。114病房的病人只能活1个月了，你再去通知一声，记住我的话！"护士面带微笑地走入病房，靠近患者的耳朵轻声说道："你猜猜这个月谁会死？"

43 沉默是特殊的表达方式

中国有句俗话："药可以乱吃，但是话不可以乱说。"乱吃药可能导致的最坏结果，就是吃错药，甚至是吃了毒药，危及自己的生命。而说错话，后果也很严重。西方也有相关的谚语："雄辩是银，沉默是金。"意思是，能够滔滔不绝、口若悬河地雄辩，固然不是坏事，但相比而言，懂得沉默的艺术似乎更加难能可贵。

雄辩和沉默，表面看起来是同一个事物的两个方面，而且方向完全相反。事实并非如此。在说话这门艺术里，沉默实际上是隐藏了千言万语的无声状态，是一个人思想和情绪的表达，是信息交流和反馈的特殊形式。正如中国古代最伟大的思想家老子说的那样："大智若愚"、"柔能克刚"，因为世间万物都有正反两方面，世间万物都符合相生相克之理，雄辩看起来是"巧"、是"刚"，沉默看起来是"拙"、是"柔"，在特殊的状况下，沉默能够胜过雄辩。

沉默是一种处世哲学，用得好时，又是一种艺术。沉默并不是简单的一言不发，而是一种尊重别人、关怀别人的情怀，是一种成竹在胸、胜券在握的状态。适时的沉默、恰当的沉默，能够给自己赢得更多的尊敬和爱戴，能够给自己制造更多的制胜机会。

无论面对的人是谁，也不管在什么样的环境条件下，沉默都能够让自己更准确、清楚地聆听对方的表达；能够帮助自己更准确地掌握对方的思想和观点、愿望和要求；能够更准确地捕获对方的心理状态和其他更多的有用信息，从而帮助自己制定更加切实有效的说话策略，顺利达成自己的目标愿望。

即便是朝夕相处的同事，或常把友情挂在嘴边的朋友，或平日在自己底下做事的下属，谁也不能保证其中的某一个人不对自己存有二心。面对这些可能不利于自己的因素，学会沉默，就是自我保护的最好办法。

人性都有弱点，每个人都需要不断改善自己。现实生活中，事实和假象并存，真话和谎言同在。学会沉默，等于是替自己争取到更大的冷静思考、认真辨别的空间和机会，有利于自己对事物作出更加准确的认识和判断，有利于自己选择更加有利、正确的行为策略。

学会沉默

本质

- 沉默是隐藏千言万语的无声状态，是一个人思想和情绪的表达，是信息交流和反馈的特殊形式。
- 无声处胜有声的沉默，同样是一种与人交流沟通的好方式，是说话艺术修炼到一定程度后的更高境界。

好处

- 能够替自己赢得更多的尊敬和爱戴
- 帮助制定更加切实有效的说话策略
- 能够给自己制造更多的制胜机会
- 是自我保护的最好办法
- 能帮助自己克服弱点，不断完善

"装聋作哑"也有好处

在一场法国总统选举的电视辩论会上，时任总统密特朗的竞争对手是前总理。

辩论会开始后，无论对方说什么，密特朗都是面带微笑，因为他完全掌控了场上的气氛，其轻松的态度让对方无可奈何，结果当然是大获全胜。

密特朗就是使用"装聋作哑"的回答方式，从心理上战胜对手。

44 沉默的技巧

沉默并不是无话可说，而是交流沟通的一种方式，对自己人际关系的完善、目标愿望的实现，有非常重要的作用，因此，需要讲究一定的原则和技巧。

第一，倾听他人的讲话时，要以沉默表示尊重。认真倾听他人说话，在他人说话的时候保持沉默，是尊重对方的最好表现。此时的沉默，不只是闭口不言那么简单。首先要神情专注，要让对方感觉到你的态度是诚恳的，你在认真聆听他说话。其次，保持沉默并不是不作任何表示，应该在不打断对方说话的前提下，对对方说的话作出积极有效的回应。肯定的目光、赞许的表情、颔首示意等，都是可以选择的。

第二，谈判桌上，要善于使用沉默作为武器。通常情况下，当商业谈判进入关键的细节商讨时，双方免不了一番讨价还价。这是一个比较韧性和耐力的艰苦过程，此时，高明的谈判代表，可以假装抛出一个相当于底线的退步，然后就一言不发，保持沉默。之后，任由发生什么事情，都保持绝对的沉默，即使咬破嘴唇也不说一个字。这样的态势会给谈判对手造成巨大的精神压力，你保持沉默的时间越长，对方的压迫感就会越来越强烈。当达到一定程度的时候，对方就会全面崩溃，不得不与你缔结城下之盟。

第三，话不投机时，要以沉默作为结束谈话的信号。俗话说：“话不投机半句多。”此时，再继续交谈下去，只会增加彼此的不愉快，结束谈话，对大家都是一种解脱。

第四，面对流言蜚语、恶意攻击时，让沉默还原事实真相。生活中难免会遭遇流言蜚语的中伤，而许多流言蜚语无法查证和核实，如果你觉得心有不甘，想去主动证明自己，往往会深陷泥沼而难以自拔。最好的办法，就是当什么事情都没有发生，沉默地冷眼旁观。

第五，批评别人的时候，以沉默促使对方反省。很多人犯错，都是无心之失，即使错误已经摆在眼前，也摆脱不了当局者迷，看不透错误的局面。此时，对他们越是严厉地批评，对方的反抗情绪会越强。最好的办法是适当地沉默，给对方反省自思的空间。

沉默的技巧

- 倾听他人的讲话时，要以沉默表示尊重
- 谈判桌上，要善于使用沉默作为武器
- 话不投机时，要以沉默作为结束谈话的信号
- 面对流言蜚语、恶意攻击时，让沉默还原事实真相
- 批评别人的时候，以沉默促使对方反省

沉默不是简单的一言不发，而是一种交流沟通的有效方式。

请看他的军衔

美国军队有不准留长发的规定，而北约部队的总司令黑格尔，却有一头长发。

有一名士兵看到画报上登的黑格尔将军的照片，就把它撕下来，贴在连长办公室。为了表示抗议，他还画了个箭头，并在旁边写了一句话：“请看他的头发！”

连长看到以后，没有训斥这位士兵，而是将箭头延长到总司令的肩章处，也写了一句话：“请看他的军衔！”

沉默是最好的答案 一群娱乐记者围着一位男明星……

记者A：请问你是否在和XX拍拖啊？

男明星：谢谢大家的关心！

记者A：听说你最近在传婚外情，是真的吗？

男明星：大家辛苦了！